Cien años de humor: análisis lingüístico del humor verbal en el teatro de Tono

Fabiana Giudicepietro

Cien años de humor: análisis lingüístico del humor verbal en el teatro de Tono

PETER LANG
Berlin · Bruxelles · Chennai · Lausanne · New York · Oxford

Información bibliográfica de la Deutsche Nationalbibliothek
La Deutsche Nationalbibliothek recoge esta publicación en la Deutsche Nationalbibliografie. Los datos bibliográficos están disponibles en la dirección de Internet https://dnb.dnb.de.

Catalogación en publicación de la Library of Congress
Para este libro ha sido solicitado un registro en el catálogo CIP de la Library of Congress.

ISBN 978-3-631-95539-0 (Print)
ISBN 978-3-631-95540-6 (ePDF)
ISBN 978-3-631-95541-3 (ePUB)
DOI 10.3726/b23974

Publicado por Peter Lang GmbH, Berlin, Alemania

info@peterlang.com

Esta publicación ha sido revisada por pares.

www.peterlang.com

Contacto sobre el Reglamento relativo a la seguridad general de los productos (RSGP): gpsr@peterlang.com

A mis estudiantes, mayores y pequeños,
por todo lo que me han enseñado sin apenas darse cuenta.
A mis seres queridos, por su apoyo incondicional.

Índice

Lista de tablas

A modo de prólogo

Han transcurrido cien años desde que España fuera escenario de una de las revoluciones culturales más significativas de los últimos siglos. Cien años desde que aquel grupo de intelectuales, con motivo del tricentenario del fallecimiento de Góngora, se congregara en el Ateneo de Sevilla para rendir tributo al ilustre poeta barroco y establecer un diálogo entre arte, cultura y literatura que lograra integrar la tradición clásica con las incipientes corrientes de vanguardia. Tal propósito se alcanzó con éxito, dado que todavía hoy, una centuria después, los versos de los poemas de la Generación del 27 perviven con vigor en el seno del hispanismo internacional.

Asimismo, se cumple un siglo desde que otro grupo de intelectuales, el de la denominada *Otra Generación del 27*, se reuniera en la redacción de *Gutiérrez*, uno de los semanarios fundamentales para el surgimiento y difusión del *Humor Nuevo* en España. Un humor que trasciende lo satírico, lo cómico o lo grotesco para configurarse como una propuesta de matriz intelectual, orientada a desentrañar la esencia de la realidad, donde el lenguaje se pone al servicio de un juego intelectual sin parangón.

En este marco, resulta relevante profundizar en el humor verbal de Antonio de Lara Gavilán, para todos, *Tono*, una de las figuras capitales de aquella generación de humoristas que revolucionó el concepto del humor en España a principios del siglo pasado.

En 2019, con el título *Tono, un humorista de la vanguardia*, Fernández-Hoya, Aguilar y Cabrerizo publicaron el estudio más exhaustivo hasta la fecha sobre la vida del autor, arrojando luz sobre facetas inéditas de su biografía.

En cambio, en estas páginas, se adopta una perspectiva estrictamente lingüística con el fin de evaluar los componentes esenciales del humor verbal de Tono. Este enfoque no se limita a una descripción superficial de la comicidad, sino que se adentra en el análisis de la estructura pragmática y las estrategias elocutivas que el humorista despliega en su obra. Esta elección responde a la necesidad de desentrañar los mecanismos del ingenio, dado que el humor verbal opera mediante la subversión de normas pragmáticas y la manipulación de los marcos cognitivos del receptor.

Por consiguiente, investigar estas estructuras no solo permite desvelar la técnica creativa del autor, sino que se erige como una premisa epistemológica indispensable para cualquier tentativa de traducción o mediación cultural.

En última instancia, este análisis pretende contribuir al campo de la lingüística del humor, aportando datos empíricos sobre cómo la arquitectura del lenguaje y la transgresión de sus máximas se coordinan para generar el efecto lúdico en textos de alta complejidad técnica.

Para el estudio del humor verbal, se tomará como referencia la producción dramática del autor. Si bien destacó como historietista, novelista y guionista, es en la escritura teatral donde el talento de Tono goza de un reconocimiento unánime y donde su expresión como humorista alcanza su máxima plenitud.

Tono, un humorista *nuevo*

Cuando el periodista y humorista Antonio Mingote recibe el encargo de prologar la *Antología* de Tono —compendio que reúne la producción textual e iconográfica del autor en diversas cabeceras entre 1927 y 1977—, opta por articular su exégesis a partir de una entrada del *Diccionario de la lengua española*.

Entre el vasto caudal léxico de la Academia, Mingote selecciona significativamente el término «genio» (Tono, 1978: 9); una elección que refleja la extraordinaria capacidad creativa, la agudeza intelectual y la singular cosmovisión que caracterizaron la obra de su contemporáneo.

Si bien la búsqueda de una risa intelectual, alcanzada mediante la sorpresa que genera la originalidad del enunciado, constituye el presupuesto del *Humor Nuevo* compartido por los integrantes de la *Otra Generación del 27*, el humor de cada autor diverge en su esencia.[1]

1 Entre los miembros de dicha generación destacan Edgar Neville, José López Rubio, Enrique Jardiel Poncela, Miguel Mihura y, huelga decirlo, Tono. La consolidación y posterior difusión del marbete *Otra Generación del 27* hallan su hito fundacional en el discurso de ingreso de José López Rubio en la Real Academia Española, pronunciado el 5 de junio de 1983. En dicha ocasión, el autor —secundando los postulados de Laín Entralgo— se propuso establecer una distinción taxonómica que, lejos de ser excluyente, reivindicaba una equivalencia axiológica entre la vertiente humorística y su homóloga lírica. A este respecto, López Rubio (2003: 42) aseveraba: «hay una generación del 27, la de los poetas, y otra generación del 27, la de los "renovadores" —los creadores más bien— del humor contemporáneo». Si bien la relevancia de este grupo generacional, lamentablemente, sigue siendo menos reconocida que la de sus coetáneos líricos, cabe destacar que sus miembros no solo compartieron un marco cronológico y sociopolítico común, sino que se nutrieron de idénticos presupuestos estéticos y corrientes de vanguardia. En cuanto a la legitimidad del marbete *generación* aplicado al grupo de los humoristas, véase el estudio de Sánchez Castro (2007: 440-448).

Dicha singularidad estética cristalizaría, en su etapa de plena madurez, principalmente en el ámbito de la producción dramática.

El humor de Edgar Neville y José López Rubio se distingue por su carácter vitalista e indulgente. En particular, Neville despliega un equilibrio formal exento de hipérboles, donde la comicidad surge de un uso agudo y magistral del lenguaje. El autor se sitúa como un espectador afectuoso de sus criaturas, representando una realidad desmitificada pero carente de amargura, en la que el hedonismo prevalece sobre las adversidades.

En una línea similar, López Rubio explora lo inverosímil a través de situaciones y tipos humanos que eluden el melodrama: en lugar de volcarse en los grandes conflictos existenciales, opta por escenificar pequeñas realidades suavizadas por un uso genial y lúdico del lenguaje.

Más agresivo y audaz resulta el humor de Enrique Jardiel Poncela, pionero en la tentativa de «escribir un teatro de humor nuevo, tratando de dignificarlo, desligándose del "astracán", inyectándole elementos de modernidad, de vanguardia, a veces más aparentes que reales» (Aguirre Sirera, 1998: 45). Mediante un engranaje de exageraciones y excentricidades insertadas en lo cotidiano, Jardiel manifiesta la irracionalidad del mundo, apoyado en la atemporalidad que define tanto la acción como a sus personajes.

Por su parte, el humor de Miguel Mihura se diferencia por su benevolencia e inocencia intrínsecas. El autor no persigue la crítica social; por el contrario, subvierte totalmente la lógica convencional para dar paso a la incongruencia y al absurdo.

En lo que respecta a la aportación original de Tono al *Humor Nuevo*, el dramaturgo escenifica el absurdo mediante el contraste entre una premisa inverosímil e ilógica y la búsqueda de una solución racional. Su humor se revelará indulgente e inofensivo que transita —según sus palabras— por una senda «sin ortigas, sin amargura y sin acidez» (Tono, 1945: 24).[2]

Antes de llegar al escenario, el humor característico de Tono se perfila a través de sus colaboraciones como historietista en la prensa. Más en detalle, su trayectoria artística halla su génesis en Valencia, donde encuentra en la figura de K-Hito un modelo estético determinante. Sus primeras incursiones en cabeceras locales como *La Traca* y *El Guante Blanco* funcionaron como el

---

[2] Si bien esta afirmación del autor se refiere originalmente a su pieza *Guillermo Hotel* (1945), resulta legítimo extenderla al conjunto de su producción dramática.

preludio de su traslado a Madrid en 1914, impulsado por la búsqueda de una profesionalización que la ciudad valenciana no podía ofrecerle.

En el Madrid de la época, la inserción de Tono en la tertulia de la *Botillería de Pombo* resultó crucial.[3] Bajo el magisterio de Ramón Gómez de la Serna, Tono no solo se integró en la vanguardia, sino que actuó como un elemento catalizador para los humoristas que conformarían la *Otra Generación del 27*. De hecho, en el artículo *Laberinto del nuevo humorismo*, el patriarca de este grupo generacional indica que:

> poco a poco se fue formando un grupo alrededor [de Tono], que le jaleaba las salidas antes de que saliesen y ese grupo estaba formado por unos jóvenes de su edad que se llamaban Edgar Neville, López Rubio, Mihura, Jardiel Poncela y, más tarde, Álvaro de Laiglesia, Fuentes, Álvaro Albornoz y Antonio Robles. [...] Me fui dando cuenta de que Tono era una manera de encarnar el presente como si ya tuviese cara de porvenir y que ejercía una acción catalítica sobre los jóvenes que le rodeaban. (Gómez de la Serna, 1956: s. p., cit. en Torrijos, 2003: 18)

En definitiva, Gómez de la Serna reconoció en Tono una actitud ante la vida y una gracia absurda que prefiguraba el porvenir del humorismo español, caracterizado por una lógica que desafiaba la comprensión inmediata.

La estancia de Tono en París a partir de 1923 marcó un hito en la depuración de su estilo. Influenciado por las vanguardias artísticas, Tono delineó en sus viñetas una estética de líneas limpias y geométricas que le permitió colaborar con prestigiosas revistas francesas como *Le Rire* y *Le Sourire*.

Este cosmopolitismo le otorgó una posición de privilegio a su regreso a España, especialmente en la revista *Gutiérrez* (1927), donde su papel fue fundamental para la consolidación de un humor deshumanizado y vanguardista.

La posterior colaboración con Miguel Mihura constituyó el eje vertebrador de su madurez creativa. Durante la Guerra Civil, ambos dirigieron *La Ametralladora*, donde, bajo el seudónimo conjunto de *Tomi-Mito*, apostaron

---

3 Ubicada en la calle Carretas 4, en una de las bocacalles de la Puerta del Sol de Madrid, donde hoy apenas queda una placa metálica en el suelo como testimonio, la Botillería de Pombo albergaba una tertulia que se celebraba cada sábado: «Pombo enciende su farol especial la noche de los sábados, y hace su viaje semanal de una orilla de la realidad a la otra orilla de la otra realidad, la realidad personal, independiente, con un criterio distinguido y basado en las noblezas del espíritu» (Gómez de la Serna, 1999: 291-293).

por un humor intelectual y abstracto que evadía la temática castrense. Esta publicación sentó las bases de lo que en 1941 sería *La Codorniz*, la cabecera más emblemática del nuevo humorismo de posguerra.

Finalmente, esta fructífera amistad con Mihura trascendió el papel para trasladarse a las tablas.

Tras un primer intento juvenil con el vodevil *Sueño de opio* (1919),[4] la consagración dramática de Tono llegó con *Ni pobre ni rico, sino todo lo contrario* (1943).

Escrita en colaboración con Mihura en 1939 y estrenada en 1943, la obra ejemplifica la arquitectura del ingenio de ambos dramaturgos: una trama aparentemente lineal, donde un millonario se propone dilapidar su patrimonio con el fin de que la fortuna no se interponga entre él y su amada, Margarita, una mujer de clase media temerosa de que la opulencia malogre su felicidad.[5]

En esta obra, el asombro del espectador no procede de la acción dramática *per se*, sino del diálogo inopinado y desconcertante que subvierte las convenciones del teatro cómico tradicional:

> INVENTOR 1º. Es un gran invento. Se lo vendo.
>
> INVENTOR 3º. ¡Pero si es mío!
>
> INVENTOR 1º. No importa. Se lo vendo.
>
> INVENTOR 3º. Bueno, trato hecho. (Mihura y Tono, 2021: 68)

No cabe duda de que «en esta primera obra escrita con Mihura estaba el germen del nuevo sentido del teatro» (Huerta Calvo, 2003: 2710), planteamiento

4 El primer contacto de Tono con la escena tiene lugar de forma temprana en 1919, año en el que el humorista incursiona en el género del vodevil con una pieza escrita en colaboración con José Zamora y Tomás Pellicer, titulada *Sueño de opio*. Si bien Fernández-Hoya, Aguilar y Cabrerizo (2019: 40) sostienen que se trata de una «obrita que sería una temeridad incluir entre su producción escénica», en un estudio dedicado al humor verbal en la producción dramática del autor resulta imperativo, cuanto menos, dejar constancia de ella. Sin embargo, la trayectoria teatral de Tono no alcanza su verdadero impulso hasta finales de la década de los treinta, momento en el cual redacta la obra mencionada en el cuerpo del texto.

5 Para un estudio más detenido de la pieza, se recomiendan los trabajos de Llera (2006: 111-150) y Marcello (2021: 29-58), mientras que para un análisis del contexto cultural en el que surgió la obra, véase Trecca (2021: 7-26).

que tanto Tono como Mihura desarrollarían posteriormente de manera autónoma.

En particular, Tono —autor, tanto en solitario como en colaboración, de más de medio centenar de obras teatrales—[6] depositará en el lenguaje el eje de su vital comicidad, subvirtiendo clichés y lugares comunes mediante un uso ingenioso del diálogo.

De hecho, sus piezas dramáticas carecerán de una estructura sólida, articulándose, más bien, como una sucesión de contingencias, «ocasiones» —las definirá García Ruiz (2014: 111-112)— «para que unos personajes, que nunca llegan a importarnos gran cosa, intercambien diálogos divertidísimos e inesperados en los que se retuercen la lógica interna del lenguaje y las rutinas sociales».

---

[6] La dispersión del corpus de Tono impide establecer una cifra exacta. En una entrevista, el autor afirmó haber escrito más de treinta obras teatrales, las cuales se distribuían «entre comedias originales, adaptaciones, revistas y comedias musicales» (Gómez Santos, 1959b: 18). Sin embargo, si bien Ruiz Ramón (2020: 336) cifra su producción en torno a las cuarenta piezas, un estudio más exhaustivo permite elevar dicha cantidad a más de medio centenar. Para ello, se remite al Apéndice 1, donde se ofrece una relación de todas las obras dramáticas y en prosa localizadas hasta la fecha, con un desglose adicional de las comedias en función de su carácter (editadas o inéditas) y de su autoría (en solitario o en colaboración), con el propósito de proporcionar al lector interesado un panorama sistemático de la producción del humorista.

El humor: de la categoría estética al valor lingüístico

La conceptualización del humor en el marco de la investigación lingüística contemporánea trasciende la mera búsqueda del efecto cómico para situarse como un proceso cognitivo complejo basado en la percepción de la dualidad. En otros términos, el humor debe entenderse como una actitud intelectual —y no solo como un género— que opera mediante la quiebra de los marcos de referencia del receptor y la recepción de otra información lingüística.

A diferencia de lo cómico, que a menudo se agota en la risa inmediata provocada por la deformación o la sátira, el humorismo implica una reflexión que Pirandello (1908: 145-146) definió como el «sentimiento de lo contrario», donde la contradicción entre lo esperado y lo percibido no se resuelve plenamente, sino que permanece en una tensión dialéctica.

El humor analizado en el presente trabajo es aquel que se manifiesta en la praxis escénica, que resulta especialmente complejo, ya que «en el teatro, [...] cualquier frase o acción humorística posee tres dimensiones: los motivos que llevan al personaje a ser cómico, la técnica empleada y el efecto que tiene su intervención en el contexto global de la obra» (McCollom, 1969: 72).

En particular, como indica Mateo Martínez-Bartolomé (1995: 16):

> los elementos que construyen el humor de una comedia incluyen aspectos muy variados como las intenciones del hablante, las expectativas conversacionales compartidas, el contexto cultural, las implicaciones del diálogo, las connotaciones de cada palabra, la relación entre los signos lingüísticos y los proxémicos y paralingüísticos, el componente escénico, que contribuyen a la formación de un efecto humorístico.

Para entender el mecanismo subyacente al humor presente en las piezas de Tono es necesario un enfoque integrado que aborde el fenómeno desde una doble vertiente, semántica y pragmática.

En este marco, el concepto de incongruencia adquiere una relevancia central, al entroncar con una de las tres grandes corrientes teóricas sobre el humor: la teoría de la superioridad, la teoría del alivio (o descarga) y la teoría de la incongruencia.

Según la primera de estas premisas, el proceso humorístico se manifiesta como el resultado de un sentimiento de superioridad experimentado por el sujeto que ejerce el humor frente a otro individuo.[7]

La teoría del alivio se sustenta en los enfoques psicofisiológicos y gravita en torno a la relación existente entre el fenómeno de la risa y el sistema nervioso; el humor, específicamente, se postula como un mecanismo para liberar una acumulación de energía superflua en el organismo. No obstante, la crítica ha advertido que dicho concepto se focaliza primordialmente en el acto de la risa, en lugar de conformar una concepción específica de lo humorístico (cf. Larkin-Galiñanes, 2017: 12).

Además, resulta imperativo subrayar que la ecuación *risa = humor* no siempre resulta válida, puesto que hay enunciados humorísticos que no suscitan hilaridad.[8]

---

7 Esta premisa halla un punto de convergencia con el célebre ensayo bergsoniano sobre el significado de lo cómico, en el cual el filósofo francés sostiene que «lo cómico nace [...] cuando unos hombres reunidos en grupo dirigen toda su atención hacia uno de ellos, silenciando su sensibilidad y ejercitando únicamente su inteligencia» (Bergson, 2017: 16). En particular, el objeto de la risa es la torpeza del hombre y lo que de ridículo hay en él; es decir, esa «rigidez mecánica» presente «allí donde habríamos querido encontrar la agilidad vigilante y la viva flexibilidad de una persona» (Bergson, 2017: 17). Simultáneamente, ya en Platón (1981: 542) se advierte la idea de la risa como una emoción que anula el autocontrol racional y cuyo placer se amalgama con una forma de malicia hacia el objeto del escarnio. Esta concepción del filósofo griego sería desarrollada en el siglo XVII por Hobbes, para quien el ser humano está inclinado por naturaleza a un deseo de poder incesante. Bajo esta lógica de competición perpetua con el prójimo, el individuo halla deleite en aquellos eventos que lo sitúan como vencedor; es, precisamente, la «gloria súbita» y el sentimiento de superioridad respecto a los demás lo que genera la risa (Hobbes, 2001).

8 En su estudio sobre la fisiología de la risa, Spencer (1911) señala que las emociones experimentadas por el ser humano se transforman en energía nerviosa que, al acumularse, se descarga mediante movimientos musculares entre los que se incluye la

Finalmente, la teoría de la incongruencia se fundamenta en la idea según la cual el humor surge del hallazgo de una realidad o pensamiento que resulta incongruente con las expectativas del receptor. Cuando un objeto o acontecimiento vulnera un modelo mental o contraviene las previsiones, genera una incongruencia que, en ámbito lingüístico, se conoce bajo el término *bisociación*, es decir:

> *the perceiving of a situation or idea, L, in two self-consistent but habitually incompatible frames of reference, M1 and M2. The event L, in which the two intersect, is made to vibrate simultaneously on two different wavelengths, as it were. While this unusual situation lasts, L is not merely linked to one associative context, but bisociated with two.* (Koestler, 1964: 35)[9]

La experiencia humorística conlleva a una reestructuración repentina e inesperada de los elementos de una determinada configuración mental que conduce a una resolución y, por ende, a una mayor claridad (López y Vaid, 2017: 270).[10]

Si bien la definición de Koestler (1964) sobre la bisociación posee un carácter metafórico, el aspecto más relevante para el presente estudio reside en la yuxtaposición de dos *frames*, es decir, dos marcos —que pueden manifestarse como dos acontecimientos, dos enunciados o dos conceptos— cuya concurrencia conlleva a una subversión de las expectativas de los hablantes.

---

risa; por tal razón, la risa no posee una naturaleza negativa, sino que constituye una fuerza que garantiza el equilibrio fisiológico al favorecer la liberación del excedente energético. Asimismo, cabe señalar que la teoría del alivio es conocida primordialmente en su vertiente freudiana, según la cual la función de desahogo de la risa se vincularía también a la libido (Freud, 1975, citado en Morreall, 2011: 43).

9 «[L]a percepción de una situación o idea, L, en dos marcos de referencia internamente coherentes, pero habitualmente incompatibles, M1 y M2. El acontecimiento L, en el que ambos intersecan, se hace vibrar simultáneamente en dos longitudes de onda distintas, por así decirlo. Mientras dura esta situación excepcional, L no está meramente vinculado a un contexto asociativo, sino bisociado con dos» (Koestler, 1964: 35). Se señala que todas las traducciones son de la autora, a menos que se indique lo contrario.

10 Respecto a dicha reestructuración, De Bono (1992: 8) sostiene que «el humor es [...] el comportamiento más interesante del cerebro humano», puesto que «muestra cómo percepciones organizadas de una determinada manera pueden ser reconfiguradas de forma distinta. Esta es la esencia de la creatividad».

Precisamente, es el mecanismo de percepción y resolución de dicha contradicción que, en situaciones desvinculadas de las preocupaciones ordinarias, tiene la capacidad de generar hilaridad.[11]

En el caso de Tono, sus personajes producen enunciados que contravienen las expectativas del público, generando así una incongruencia que se resuelve mediante un proceso mental del cual el lector/espectador obtiene una gratificación intelectual.

Morreall (2011: 35) advierte que la incongruencia, por sí misma, no representa una condición suficiente para el humor, puesto que incluso emociones negativas como el miedo o la ira surgen de la ruptura de esquemas mentales.

De acuerdo con Clark (1987: 139-155), los requisitos indispensables para que haya diversión son: la percepción de un elemento[12] como incongruente, el placer experimentado al reflexionar sobre dicho elemento y el placer derivado de la incongruencia por una motivación ulterior. Esta última debe vincularse al estímulo —o, con mayor precisión, a la disrupción— que el proceso de incongruencia-resolución ejerce sobre la facultad intelectiva del receptor.[13]

El concepto de incongruencia fue retomado e integrado por Raskin (1985) en el seno de la *Script-based Semantic Theory of Humor*, o Teoría Semántica del Humor basada en Guiones (TSHG), es decir, la primera teoría lingüística orientada a determinar las condiciones necesarias y suficientes para que un género textual específico —el *joke*, es decir, el chiste— sea humorístico.

---

[11] Morreall (2011: 14, 93-95) alude a un «desplazamiento cognitivo», esto es, a un cambio inmediato en el estado mental que, en condiciones ordinarias —es decir, de ser tomado en serio—, resultaría perturbador, mientras que en contextos carentes de preocupación deviene alegre y divertido. Asimismo, cuantos mayores sean el contraste y la distancia entre el estado previo y el posterior a dicho desplazamiento cognitivo, mayor será la diversión.

[12] En Clark (1987: 139-155) se emplea el término *objeto*, mientras que aquí se emplea un vocablo más genérico con el fin de que la definición abarque también los operadores lingüísticos.

[13] Por lo que respecta al mecanismo de *incongruencia-resolución*, Yus (1996: 502, citado en Alvarado Ortega, 2012: 11) indica que es precisamente dicha estrategia la que genera el humor; en particular, el oyente presenta expectativas cognitivas no válidas y, en el momento en que el hablante resuelve el dilema cognitivo, aquel se percata de no haber considerado otras interpretaciones posibles. La violación de las expectativas se consolida en términos de relevancia, puesto que el oyente interpreta el enunciado según el grado de pertinencia que considera adecuado y descarta la información no relevante para su interpretación correcta.

Como se desprende de su denominación, se trata de una teoría fundamentada exclusivamente en principios semánticos, según la cual un texto (oral o escrito) resulta humorístico en la medida en que es total o parcialmente compatible con dos *scripts* o guiones distintos, entre los cuales existe una relación de oposición antonímica. Raskin describe el guion de la siguiente manera:

> *a large chunk of semantic information surrounding the word or evoked by it. The script is a cognitive structure internalized by the native speaker and it represents the native speaker's knowledge of a small part of the world. Every speaker has internalized rather a large repertoire of scripts of "common sense" which represent his/her knowledge of certain routines, standard procedures, basic situations, etc., for instance, the knowledge of what people do in certain situations, how they do it, in what order etc. Beyond the script of "common sense" every native speaker may, and usually does, have individual scripts determined by his/her individual background and subjective experience and restricted scripts which the speaker shares with a certain group, e.g., family, neighbors, colleagues, etc., but not with the whole speech community of native speakers of the same language.*[14] (Raskin, 1985: 46)

Los guiones se encuentran interconectados entre sí y representan el dominio de conocimiento de los hablantes de una lengua determinada; no obstante, prescindiendo por un instante de las definiciones técnicas, se trata esencialmente de ideas, pensamientos, significados (cf. Attardo, 2020: 116).

Sin embargo, el límite de esta teoría reside en su naturaleza exclusivamente semántica, por lo cual no contempla aquellos casos en los que el humor se genera a partir de factores pragmáticos. Asimismo, la teoría resulta aplicable únicamente a los *jokes*, una forma humorística prototípica de conformación estructural marcadamente lineal.

---

14 «[U]na vasta parcela de información semántica que rodea a la palabra o es evocada por esta. El guion es una estructura cognitiva internalizada por el hablante nativo y representa su conocimiento sobre una pequeña parte del mundo. Todo hablante ha internalizado un repertorio considerable de guiones de "sentido común", los cuales representan su conocimiento de ciertas rutinas, procedimientos estándar, situaciones básicas, etc.; por ejemplo, el conocimiento de qué hace la gente en determinadas situaciones, cómo lo hace, en qué orden, etc. Más allá de los guiones de "sentido común", cada hablante nativo puede tener —y habitualmente tiene— guiones individuales determinados por su trasfondo particular y su experiencia subjetiva, así como guiones restringidos que el hablante comparte con un grupo específico (v. gr., familia, vecinos, colegas, etc.), pero no con la totalidad de la comunidad de habla de su misma lengua» (Raskin, 1985: 46).

Por consiguiente, a partir de un desarrollo ulterior de la TSHG, surge la *General Theory of Verbal Humor*, en castellano, Teoría General del Humor Verbal (TGHV), elaborada por Attardo y Raskin (1991), la cual integra la perspectiva semántica con la pragmática y permite el análisis de formas de humor más complejas.

Según esta teoría, la oposición de guiones (*Script Opposition*, *SO*) —presente ya en la versión inicial de Raskin (1985)— se integra en un conjunto de seis parámetros denominados *recursos de conocimiento* (*Knowledge Resources*, *KR*), los cuales se encuentran organizados jerárquicamente.

Subordinado a la oposición de guiones, se sitúa el mecanismo lógico (*Logical Mechanism*, *LM*), encargado de la resolución o racionalización de la incongruencia. En un nivel intermedio se encuentran la situación (*Situation*, *SI*), que abarca los elementos contextuales y escenográficos de la acción, y el *target* (*TA*), que identifica el *blanco* de la burla. Finalmente, el modelo se concreta mediante la estrategia narrativa (*Narrative Strategy*, *NS*), referida a la organización formal del texto (como el diálogo), y el lenguaje (*Language*, *LA*), que comprende las elecciones léxicas y sintácticas definitivas que materializan el enunciado humorístico.

A este respecto, resulta imprescindible señalar que la totalidad de los recursos de conocimiento mencionados no constituyen, por sí mismos, elementos específicos del humor; no existen operadores exclusivos que denotan el fenómeno, sino que es la concurrencia de diversos factores la que adquiere potencial humorístico (Attardo, 2020: 138).

Asimismo, para que un determinado segmento textual resulte humorístico, debe ser total o parcialmente compatible con dos guiones que se oponen entre sí. A medida que progresa la interacción, aparece una *jab-line* o *punchline* —esto es, un tipo de marcador que señala la presencia de contenido humorístico— que sorprende al receptor puesto que, además de generar una incongruencia, conlleva a una subversión de sus expectativas. La incongruencia surgida a raíz de la activación del primer guion se resuelve mediante la activación de un segundo guion: ambos son compatibles con el segmento textual de referencia, con la salvedad de que el primero se activa inferencialmente gracias al conocimiento enciclopédico del destinatario, mientras que el segundo se hace patente mediante un operador lingüístico.

Para ilustrar de manera más precisa este mecanismo —y si bien el corpus objeto de análisis y la metodología se presentarán con mayor detalle en el próximo capítulo—, se ofrece a continuación una breve aplicación práctica a través de un fragmento de *Guillermo Hotel* (1945) de Tono, pieza en la que Elena, prometida de Ludovico, se encuentra en una habitación de hotel antes de su boda.

El equívoco situacional surge cuando el conserje ofrece la misma habitación de Elena a otro cliente, Alberto. Por si este hecho no fuera suficiente para propiciar un intercambio humorístico, en la habitación se halla oculto también un ladrón llamado Mercedes.

En el momento en que Elena sale del baño, se encuentra a Alberto recostado en la cama y pierde el conocimiento por un instante a causa del susto. Alberto intenta reanimarla y afirma:

> ALBERTO. Ya parece que vuelve en sí... Claro que esto de que las mujeres pierdan el conocimiento, es bastante corriente. (*Yendo hacia una de [las] mesillas de noche y cogiendo la botella del agua.*) Le echaré un poco de esta agua, que también parece corriente. (Tono, 1957a: 8)

La Teoría General del Humor Verbal (TGHV) restringe la oposición de guiones a tres grandes niveles de oposiciones abstractas: «bueno/malo», «normal/anormal», «actual/no actual» (Attardo, 2020: 151).

Sin embargo, en el enunciado analizado no existe una oposición binaria entre dos esquemas, una antinomia local, sino que el texto sigue siendo humorístico debido a la presencia del juego de palabras basado en la homonimia del término *corriente*.

Puesto que la TGHV surge precisamente para ser válida en géneros textuales que no sean únicamente chistes, se considera que una aplicación correcta de la teoría resulta válida si se extiende el concepto de oposición de guiones, entendiéndose no en un sentido estricto como antinomia *bueno/malo*, sino en un sentido más amplio como: *bueno/diferente de bueno*.

De este modo, es posible observar que la oposición en el segmento propuesto surge en relación con el término *corriente*, que en una primera instancia remite al adjetivo *común* y, en una segunda, hace referencia al agua. Obviamente, *común* y *agua* no están vinculados por una relación antonímica, pero la oposición se manifiesta en una visión más extensa: *corriente = común / corriente = agua corriente*.

El mecanismo lógico constituye el proceso cognitivo que permite la conexión entre los dos guiones. Este representa el parámetro más problemático de la TGHV, ya que se trata del procedimiento que favorece el proceso de incongruencia-resolución; sin embargo, dado que la resolución es opcional en ciertos tipos de humor —como ocurre en el humor del absurdo—, dicho mecanismo no siempre se halla presente (Attardo, 2001: 25).

En el caso analizado, el mecanismo lógico que permite la resolución de la oposición de guiones *corriente = común / corriente = agua corriente* debe atribuirse a la percepción de la presencia del juego de palabras.

La situación constituye el marco en el que se produce el intercambio humorístico e integra todos los elementos contextuales que contribuyen a la creación del efecto de diversión. Cada secuencia humorística se manifiesta en un marco específico; algunas de ellas pueden presentar una dependencia acusada del contexto, mientras que otras pueden prescindir de él por completo.

En el ejemplo propuesto, la situación es el marco de una habitación de hotel donde una mujer ha perdido el conocimiento. Los elementos del entorno son fundamentales: la mesilla de noche y la botella de agua. Sin estos objetos físicos, el segundo guion no podría activarse, lo que demuestra que este enunciado tiene una dependencia acusada del contexto.

El *target* se corresponde con el destinatario de la burla y se identifica frecuentemente con uno o más individuos o con una actividad inherente al ser humano (instituciones, prácticas, creencias, etc.). Se trata de un recurso de conocimiento de carácter opcional, habida cuenta de la existencia de formas de humor que no se dirigen a un objetivo preciso y que resultan ajenas a cualquier finalidad de índole personal (Attardo, 2001: 24).

De hecho, en este caso, el *target* es prácticamente nulo. No hay un ataque directo a una institución o persona. Si acaso, se parodia de forma leve el cliché decimonónico de las mujeres que se desmayan por cualquier impresión, pero el humor de Tono aquí es un humor puro, centrado en el juego intelectual y no en la sátira.

La estrategia narrativa atañe a la organización macroestructural del discurso humorístico. En la obra de Tono, este recurso de conocimiento adquiere una relevancia particular, dado que el autor se aleja de la estructura lineal del chiste prototípico para adoptar estrategias propias de la dramaturgia, como el entramado dialogado o la progresión por acumulación de absurdos, lo que obliga al destinatario a mantener activos los guiones contrapuestos durante un tiempo prolongado antes de alcanzar la resolución.

En el análisis del diálogo dramático es transcendental notar el papel de las acotaciones. En este caso, la acción física descrita en la acotación («Yendo hacia una de [las] mesillas de noche y cogiendo la botella del agua» Tono, 1957a: 8) constituye el puente narrativo que prepara al lector/espectador para el cambio de sentido de la palabra *corriente*.

Por último, el recurso de conocimiento final que subyace a la TGHV es el lenguaje, el cual comprende todas las elecciones en el nivel del significante —fonéticas, morfológicas, léxicas, sintácticas y pragmáticas— que permiten al enunciador codificar el humor. El lenguaje constituye un sistema semiótico central en el caso de aquellos enunciados que incluyen una referencia a la estructura superficial del texto: los denominados *puns* o juegos de palabras.

Como se acaba de señalar, en este caso, el efecto humorístico depende de la selección léxica de la palabra *corriente* y del relativo *pun* horizontal.[15]

Dada la naturaleza jerárquica de los seis recursos de conocimiento, la disparidad entre dos secuencias humorísticas se incrementa de forma proporcional al nivel del recurso en el que divergen; así, cuanto más alto se sitúe el parámetro diferencial, mayor será la distancia estructural entre ambos enunciados (cf. Ruch *et al.*, 1993); en particular, si dos segmentos textuales varían en la estrategia narrativa —que se encuentra entre las últimas posiciones de los recursos de conocimiento—, los enunciados serán considerados similares; en caso de que difieran en la oposición de guiones —que constituye el primer recurso de conocimiento—, ambos se considerarán muy diferentes.[16]

---

15 Un *pun* puede ser vertical u horizontal; en el primer caso, una única forma (*token*) activa múltiples significados en el eje comunicativo, mientras que, en el segundo, son varios *tokens* —idénticos o similares— los que activan una multiplicidad de significados (Delabastita, 1996: 128, citado en Vandaele, 2011: 180). Delabastita (2004: 601) señala que, en las lenguas europeas, los juegos de palabras se basan principalmente en mecanismos tales como la homonimia, la homografía, la homofonía y la paronimia.

16 De hecho, en el caso de la traducción del humor, se debería intentar respetar el mayor número posible de recursos de conocimiento del texto de origen y, si esto no fuera posible, preservar al menos los recursos que se encuentran jerárquicamente más altos. A este respecto, Attardo (2002: 184) indica que: «*translation that respects all six Knowledge Resources may be utopian*», pero, al mismo tiempo: «*translation that respects none is no longer translation*» («una traducción que respeta los seis recursos de conocimiento puede ser utópica», pero, al mismo tiempo, «una traducción que no respeta ninguno ya no es traducción»).

Considerando que el lenguaje se halla en la última posición de los recursos de conocimiento que fundamentan la Teoría General del Humor Verbal, cabe esperar que dos enunciados que difieren únicamente en esta categoría sean esencialmente similares. No obstante, Attardo (2002: 189) señala que los juegos de palabras deben abordarse de manera distinta al resto de manifestaciones humorísticas, puesto que el lenguaje resulta el eje central en este tipo de humor.[17]

Tras haber definido los fundamentos lingüísticos del humor y los procesos que determinan el carácter humorístico de una secuencia, en el próximo capítulo se introduce el corpus de análisis. A continuación, se analizarán las estrategias lingüísticas mediante las cuales Tono construye el efecto humorístico en su producción teatral.

[17] Para un análisis sobre la traducción de los juegos de palabras en el teatro de Tono, en particular, en la pieza *Algo flota sobre Pepe* (1949), inédita hasta la fecha, véase Giudicepietro (2024: 89-110).

Metodología y corpus de estudio

El corpus que fundamenta la presente investigación se circunscribe, de manera exhaustiva, a la totalidad de la producción dramática de Tono publicada a lo largo de una década, específicamente entre 1944 y 1956. A este conjunto se incorporan dos piezas inéditas escritas en solitario durante este mismo arco temporal, el cual se identifica como el periodo de mayor esplendor y madurez del autor en su faceta de dramaturgo.

Aunque Tono mantuvo su actividad creativa hasta la década de los setenta, la crítica especializada ha señalado un declive en sus obras tardías que, frente al carácter rupturista de sus inicios, procedieron hacia fórmulas repetitivas y monótonas. En este sentido, los mecanismos lingüísticos de su última etapa perdieron la frescura e ingenio que definieron las piezas seleccionadas para este estudio.[18]

En virtud de lo anterior, las obras que conforman el núcleo de análisis son: *Guillermo Hotel* (1945), *Romeo y Julieta Martínez* (1946), *Francisca Alegre y Olé* (1949), *¡Qué «bollo» es vivir!* (1950), *Tiíta Rufa* (1950), *La verdad desnudita* (1955) y *Crimen pluscuamperfecto* (1956), junto a las comedias inéditas *RebecO*[19] (1944) y *Algo flota sobre Pepe* (1949).

---

18 «Se copiaba [Tono] a sí mismo, en una escritura teatral que se muestra ya agotada» dicen García Ruiz y Torres Nebrera (2006: 56, vol. VI) en ocasión del estreno, en 1964, de *El señor que las mataba callando* en el teatro Infanta Isabel.

19 El juego tipográfico con la O mayúscula presente en el título marca una distinción respecto a la famosa película dirigida por Hitchcock, *Rebecca* de 1940. En su *Autocrítica*, Tono (1944: 14) sostiene que no se trata de una parodia del filme del célebre director hollywoodiense, sino de una reacción contra las frases hechas. No obstante, existe una clara referencia a la cinta no solo en el título, sino también en el elemento del naufragio: en la película estadounidense, una joven dama de compañía —cuyo nombre se desconoce— contrae matrimonio con el rico y aristocrático Maxim de Winter, viudo de su primera esposa, Rebecca. En concreto, la mujer fallece aparentemente

3.1. Procedimiento metodológico

Para conseguir los objetivos propuestos, la investigación se ha articulado en tres fases metodológicas progresivas: una primera de documentación y análisis de la recepción con la lectura crítica del corpus y estudio de su impacto en la época. Para ello, se ha consultado la recepción crítica en hemerotecas digitales y físicas, analizando especialmente las reseñas aparecidas en las cabeceras *ABC Madrid* y *Barcelona Teatral*.

Sigue a esta una segunda fase de análisis cualitativo mediante la aplicación de una ficha taxonómica tripartita diseñada para categorizar cada estrategia potencialmente humorística según el nivel lingüístico afectado: el léxico, el sintáctico y/o el pragmático.[20]

Esta herramienta, concebida bajo una perspectiva integradora, incorpora los parámetros de la Teoría General del Humor Verbal (TGHV) de Attardo y Raskin (1991). De este modo, la ficha no solo clasifica el recurso humorístico, sino que lo sitúa en una jerarquía de seis recursos de conocimiento. Los parámetros conceptuales (oposición de guiones, situación, *target* y estrategia narrativa) conforman el marco superior de análisis, mientras que el nivel lingüístico-formal se identifica con el recurso del lenguaje y el nivel pragmático se vincula directamente con el mecanismo lógico, motor de la incongruencia.

A este respecto, es imperativo precisar que cada recurso se define como potencialmente humorístico, puesto que el humor es un fenómeno multimodal, semántico y pragmático, que solo se activa en el momento de la producción del enunciado; en efecto, es la presencia de un determinado recurso en un contexto enunciativo específico lo que genera el humor, cuya efectividad varía según las circunstancias de la comunicación. Su efectividad, por tanto, no es intrínseca al recurso, sino que cambia y depende del contexto enunciativo; bajo esta premisa, sostener que un dado recurso (como la metáfora o la hipérbole) posea un valor humorístico *per se* constituiría un error metodológico que este análisis pretende evitar.

---

en el naufragio de su yate, aunque más tarde se descubre que, en realidad, murió accidentalmente cuando, tras anunciar a su marido que estaba embarazada de otro hombre, se apoya en una puerta entreabierta y cae. Maxim, por temor a ser acusado del asesinato, decide hundir su yate con el cadáver de su esposa en el interior.

20 Con el fin de garantizar la replicabilidad del presente estudio, se incluye en el Apéndice 2 la ficha taxonómica diseñada y utilizada para el análisis de las estrategias verbales que vehiculan el humor en el corpus seleccionado.

Asimismo, se señala que las categorías de la ficha no operan como compartimentos estancos. La hibridación de la TGHV con la pragmática lingüística permite reflejar la naturaleza del humor de Tono, la cual favorece una convergencia multinivel donde un mismo enunciado puede activar varios mecanismos de forma simultánea. En tales casos, la muestra se ha consignado en todas las casillas correspondientes de la ficha para reflejar fielmente su complejidad estructural y la interdependencia entre la configuración lógica del humor y su ejecución verbal.

Finalmente, se concluye el estudio con una tercera fase de análisis de tipo cuantitativo para evaluar la recurrencia de las estrategias identificadas. Esta etapa permite establecer cuáles son las técnicas privilegiadas por el autor y definir las constantes de su estilo humorístico.

Tras esta delimitación, se procede a la presentación individualizada de cada comedia del corpus, aportando los datos de estreno, su sinopsis argumental y el juicio de la crítica contemporánea.

3.2. Presentación del corpus: puesta en escena, sinopsis y recepción crítica

Se procede, seguidamente, a la presentación de las piezas que integran el corpus de estudio, detallando, para cada una de ellas, los datos relativos al estreno, el argumento y su recepción crítica.

Diferenciando su producción de la tradición precedente incluso desde su nomenclatura, Tono denomina sus piezas dramáticas *funciones*; un término que no solo designa el acto teatral en sí, sino que encapsula su voluntad de ruptura con los moldes académicos de la comedia convencional:

> Es un truco defensivo —dirá el humorista a Gómez Santos (1959a: 18)—. Si el autor califica a su creación de comedia, farsa, drama... siempre hay un crítico sagaz que echa mano de sus conocimientos para demostrar a voz en grito que la farsa es en realidad una comedia o un sainete, y que el drama es un folletín. Denominándola con un nuevo calificativo, ese riesgo desaparece. Y de paso me quito la preocupación de adscribirme a un género determinado.

Esta voluntad de no adscribirse a un género en concreto fue decodificada por la crítica contemporánea no solo como una ruptura con el canon, sino como una renuncia deliberada al rigor artístico en favor del puro efecto humorístico.

En este sentido, Haro Tecglen (1951: s. p., cit. en González-Grano de Oro, 2005: 171) subraya cómo el apelativo *función* permite desplazar el eje del análisis desde la estructura literaria hacia la eficacia de la risa: «Tono escapa al rigor literario y artístico desde el momento en que clasifica sus obras como "funciones" y nada más» y «naturalmente, este teatro no puede tomarse en serio; pero esto es precisamente lo que pretende su autor».

Bajo esta apariencia de ligereza y en aras de una libertad creativa absoluta, Tono llega incluso a instrumentalizar el discurso lexicográfico para conferir a su propuesta una ironía suplementaria. De hecho, en una entrevista con el periodista Guillermo Bolín (1961: 62), el autor recurre a la autoridad de la Real Academia Española para justificar, con su característico ingenio, su elección:

> La palabra «función» tiene varias definiciones: «ejercicio fisiológico de un órgano o aparato de los seres vivos. Movimiento de una máquina o aparato. Acción y ejercicio de un empleo, facultad, u oficio. Acto público, festividad o espectáculo a que concurre mucho público…». Estos son algunos de los significados que reconoce la Academia Española, y yo, acogiéndome a lo último, que asegura lo de «espectáculo a que concurre mucha gente», decidí llamar así a mis comedias a ver si era verdad.

Una vez contextualizada esta voluntad de ruptura y desmitificación del hecho teatral, se procede a exponer los hallazgos de la primera fase del análisis.

Siguiendo un estricto orden cronológico, la presentación de las piezas se divide en dos grandes bloques: en primera instancia, se sistematizan las comedias editadas y, para concluir, se abordan las dos obras inéditas que completan el corpus analizado.

Guillermo Hotel se estrenó el 8 de mayo de 1945 por la compañía de Arturo Serrano en el Teatro Infanta Isabel de Madrid. La pieza presenta una convergencia temática y estructural evidente con *Tres sombreros de copa* (escrita en 1932, aunque editada en 1947) de Miguel Mihura.[21]

En ambas obras, la acción se circunscribe al espacio de una habitación de hotel, donde los protagonistas experimentan una crisis de identidad que los conduce a cuestionar sus inminentes compromisos nupciales ante la irrupción de nuevas pulsiones afectivas.

---

[21] La primera representación de *Tres sombreros de copa* se realizó un lustro más tarde, en 1952.

En la pieza de Tono, la trama se desencadena cuando Elena, prometida de Ludovico, se instala en el Guillermo Hotel para pernoctar antes de su boda. Un error administrativo durante el relevo de conserjes provoca que su habitación sea asignada simultáneamente al abogado Alberto.

El encuentro entre ambos se produce de forma fortuita mientras la protagonista se halla en el cuarto de baño; sin embargo, una vez aclarado el equívoco, la situación desemboca en un estancamiento lógico.

Elena, obsesionada con salvaguardar su decoro, impide que el abogado deje la habitación para solicitar un cambio al conserje, dado que teme el escándalo social de haber sido vista en *deshabillé* por un desconocido.

A este enredo se suma el hallazgo de un tercer personaje, Mercedes, un ladrón que se oculta bajo la cama de la habitación. Paradójicamente, la protagonista obstaculiza también la huida del delincuente, al percibir la presencia de un segundo varón como un salvoconducto moral que atenúa la comprometedora soledad con Alberto.

El conflicto se traslada al plano público a la mañana siguiente con la irrupción de los progenitores de Elena, Ludovico y la modista.

Ante el hallazgo de pertenencias inequívocamente masculinas —una pipa, un esmoquin y cuchillas de afeitar—, Elena despliega una audaz estrategia de defensa: asume dichos objetos como propios. Esta maniobra da pie a un humorismo verbal fundamentado en la inversión sistemática, mediante la cual la protagonista reivindica una paridad de género vanguardista para el contexto de la época:

> LUDOVICO. (*Descubre una pipa que hay sobre una mesa.*) ¿Qué es esto, Elena?
>
> ELENA. ¿Eso?... ¡Ah, sí! Una pipa... ¿Es que yo no puedo tener una pipa?
>
> EUGENIA. (*Interviniendo.*) Claro, Elena lleva razón. Ella puede tener una pipa y hasta dos pipas. Con eso no hace daño a nadie. Usted, en cambio, puede tener un dedal, si ese es su gusto.
>
> LUDOVICO. Pero ¿tú fumas en pipa?
>
> ELENA. A ratos. No siempre, claro está. Cuando estoy aburrida, o cuando tengo ganas de fumar en pipa.
>
> LUDOVICO. ¡Pero, hombre, una mujer!
>
> ELENA. Ya sabes mi teoría: la mujer puede hacer las mismas cosas que el hombre, y si tú te has creído que yo soy de esas mujeres que se quedan en casa cosiendo calcetines, mientras el marido se va por ahí, a fumar en pipa y a toser, estás equivocado.

> LUDOVICO. Pero, Elena, ¡la mujer siempre debe ser mujer!
>
> ELENA. Ya lo sé. Y el hombre debe ser siempre hombre. Esa es una teoría muy antigua. (Tono, 1957a: 30-31)

Tras una airada reacción en la que Elena rompe su compromiso y expulsa a todos los presentes, la trama se encamina hacia el paroxismo mediante un intercambio de identidades que desafía toda verosimilitud. Este giro argumental se precipita con el inesperado reingreso de Mercedes en la habitación, quien informa que el abogado Alberto ha sido detenido tras ser confundido, precisamente, con un delincuente.

Ante la urgencia de la situación —puesto que Alberto debía comparecer ese mismo día en una audiencia judicial de suma importancia para su carrera—, Elena planea una solución que rompe con cualquier lógica convencional. La protagonista persuade al ladrón para que, ataviado con la toga de Alberto, asuma su identidad y le sustituya en la causa judicial.

Este segundo acto concluye con el regreso de un Ludovico claudicante, quien promete sumisión incondicional a Elena, a pesar de su absoluto desconcierto ante la incoherencia escénica que presencia: un hombre, vestido de abogado, saliendo del cuarto de baño de la habitación de su prometida.

El tercer acto profundiza en la desarticulación de la lógica social. Alberto regresa a la habitación, indignado por la usurpación de su cargo, pero la disputa con Elena se ve interrumpida por la reaparición de sus familiares.

Decidida a eludir de forma definitiva su unión con Ludovico, Elena recurre a una simulación que extrema la lógica del absurdo: finge un matrimonio previo con Alberto, hijos incluidos, lo cual provoca la huida de los intrusos.

El carácter transgresor de la obra se confirma con el éxito de Mercedes en el juicio: no solo gana el caso de forma inesperada, sino que aprovecha para robar los relojes de todos los presentes.

El final de la función representa el punto máximo del absurdo de Tono: tras una fuerte pelea en la que Elena golpea a Alberto con una lámpara, la situación termina, curiosamente, en una propuesta de matrimonio. Sin embargo, justo antes de despedirse, el futuro marido le pregunta a la protagonista cómo se llama, dejando claro que se han enamorado sin saber absolutamente nada el uno del otro.[22]

---

[22] La consulta de los fondos del Archivo General de la Administración en Alcalá de Henares ha permitido constatar que, el 8 de marzo de 1947, la compañía de Pepe Alba

En su búsqueda de un genuino teatro de evasión, Tono configura en *Guillermo Hotel* (1945) una comedia despojada de toda pretensión de verosimilitud, cuyo fin último es la pura diversión del espectador.

El éxito de esta propuesta parece indiscutible a tenor de la crónica de Alfredo Marqueríe (1945a: 16), quien relata en un tono marcadamente ingenioso la acogida del estreno:

> El público rio cuarenta veces en el primer acto, cincuenta y una en el segundo y cincuenta y cuatro en el tercero. Interrumpió con sus aplausos tres veces la representación para subrayar la gracia de situaciones y frases, y al final hizo que el telón se alzara repetidamente para que el autor saliera a saludar en unión de sus intérpretes. Al empezar la función hubo una protesta, a todas luces prematura, puesto que los interruptores no habían ni empezado a escuchar la obra; pero resuelto el leve incidente, no hubo que registrar nuevas manifestaciones de desagrado; antes, al contrario, carcajadas y ovaciones jalonaron el positivo éxito cómico.

Esta acogida entusiasta se vio refrendada apenas un mes después en la reseña aparecida en la sección *Comedias y Comediantes* de la revista *Barcelona Teatral*. Con motivo del estreno de la pieza en la Ciudad Condal, Bellver (1945: 2) recurre a una métrica del éxito muy similar a la empleada por Marqueríe, dejando constancia de la respuesta del público barcelonés en términos casi matemáticos:

> Anoche se estrenó en Barcelona la obra de Tono, «Guillermo Hotel». El público rio abundantemente. Observamos las características de esas risas que recorren todos los registros de la hilaridad y llevamos la cuenta de las carcajadas trazando cada vez un palito al pie del programa. He aquí el resultado: acto primero, 62; acto segundo, 66; acto tercero, 70. Las sostenidas, como las que provocan los padres de los novios, son de propina.

---

solicitó la autorización para representar *El enredo de cacherulos*, obra escrita por Tono en colaboración con Fausto Hernández Casajuana. Según el informe del censor José Corts Grau —firmado en Valencia el 12 de marzo de 1947—, la trama de esta pieza, que no había sido mencionada previamente en los estudios sobre el autor, coincide con la de *Guillermo Hotel* (1945). La única variante significativa se halla en el epílogo: Elena, en lugar de contraer matrimonio con el abogado Alberto, termina casándose con el ladrón. Asimismo, la obra presenta una particularidad lingüística notable: está escrita en valenciano, en consonancia con la trayectoria dramática habitual de Hernández Casajuana.

La pieza superó el centenar de representaciones en apenas cuatro meses.[23] Al respecto, Zanni (1945: 10) destaca la pericia de Tono al articular una propuesta dotada de una notable agilidad escénica, lo cual le permitió obtener aplausos de la audiencia:

> La acción es nula o casi nula en la «función» [...] de «Tono»; pero éste ha sabido imprimir viveza escénica a los tres breves actos de «Guillermo Hotel» y ha sabido también mostrarse hábil en la resolución del difícil problema que representaba desarrollar el asunto en un supuesto corto lapso de tiempo y un lugar, como es la habitación de un hotel, tan poco propicio para el juego teatral. Los espectadores se sintieron altamente satisfechos, satisfacción que exteriorizaron con carcajadas y fuertes aplausos, recogidos por «Tono» al final de los actos, en unión de los intérpretes.

En la *Autocrítica* de su función, Tono (1945: 24) insiste en el carácter inocente de su humor:

> [...] avanzo con "*Guillermo-Hotel*" por el sendero de un humor sin ortigas, sin amargura y sin acidez. Tímidamente, mis personajes piden su venia para cruzar el arco del teatro, sin pretender, ni mucho menos, derribar sus columnas de papel pintado. Intactos quedan los viejos moldes, y más bien la preocupación de una "*carpintería*" sólida, precipita la comedia en compañía de las más clásicas. Un solo lugar de acción: habitación en el "*Guillermo-Hotel*". Un tiempo mínimo: veinticuatro horas escasas. Y dentro de este margen, una teoría de personajes trastocados por un azar caprichoso y divertido.

Aunque los personajes no representan tipos humanos reales, sino que actúan como marionetas al servicio de una desbordante comicidad verbal, el absurdo de los diálogos logra resaltar la hipocresía de ciertos lugares comunes.

---

[23] Para celebrar las cien representaciones, se organizó una función especial en el Teatro Infanta Isabel. En ella, Tono y sus amigos José López Rubio y Edgar Neville se subieron al escenario para actuar junto a la compañía profesional. Marqueríe (1945b: 14) relató así el gran éxito de la noche: «Anoche y con motivo de haber llegado a su cien representación la divertida comedia de "Tono", "Guillermo Hotel", se celebró en el Infanta Isabel una representación extraordinaria de dicha obra, donde, al lado de la ilustre actriz Isabel Garcés y de los restantes y valiosos elementos de la Compañía, interpretaron papeles de dicha obra Ana Mariscal, José López Rubio, Edgar Neville y el autor. Fueron aplaudidísimos, así como también las figuras que intervinieron en el animado fin de fiesta [...]. El telón se levantó muchas veces entre grandes ovaciones, y "Tono" pudo comprobar una vez más las merecidas admiraciones y simpatías con que cuenta».

En este marco cómico, la crítica se infiltra de tal manera que permite al autor sortear los límites de la censura de la época.

En particular, en *Guillermo Hotel* (1945), Elena intenta ocultar a Ludovico la presencia de Alberto en la habitación, asegurando que todos los objetos del abogado le pertenecen. Bajo esta lógica, la obra plantea una serie de interrogantes: ¿qué hay de malo en que una mujer fume en pipa, use cuchillas de afeitar o vista un esmoquin? Al reivindicar su autonomía, la protagonista se convierte en portavoz de una postura vanguardista para la sociedad española de los años cuarenta, en pleno franquismo.

A través de la ironía y el recurso de la mentira —necesaria para ocultar al otro hombre—, Tono logra que las frases de Elena resulten superficialmente absurdas y divertidas. Sin embargo, en el fondo, esconden una crítica velada a los clichés vigentes. Aunque la risa sea el objetivo principal de la función, el autor introduce elementos que señalan los límites de su sociedad, siempre en una clave ligera que no deja espacio a la amargura.

Aproximadamente un año después de *Guillermo Hotel* (1945), Tono estrena *Romeo y Julieta Martínez*, puesta en escena de nuevo por la compañía de Arturo Serrano el 18 de diciembre de 1946 en el Teatro Infanta Isabel de Madrid.[24]

Aprovechando el auge de las comedias sobre el espiritismo en la España de los años cuarenta,[25] Tono concibe esta *función con fantasma* partiendo de una observación irónica sobre la moda de lo sobrenatural. En su *Autocrítica*, el autor justifica la presencia del espíritu como una respuesta a la saturación del género en las carteleras:

---

[24] Aunque Fernández-Hoya, Aguilar y Cabrerizo (2019: 274) sitúan el estreno en el 18 de marzo de 1946, los datos sugieren que se trata de una errata. La verificación de los datos en la prensa de la época permite confirmar esta hipótesis: la *Autocrítica* de Tono (1946: 25) en el diario *ABC* —que solía publicarse el día anterior a la función— está fechada el 17 de diciembre de 1946; por su parte, la reseña de Marquerie (1946: 25) en el mismo periódico apareció el 19 de diciembre, un día después de la primera representación. Por tanto, la fecha correcta del estreno es, con seguridad, el 18 de diciembre de 1946.

[25] De hecho, coincidiendo con el periodo en que Tono estrena *Romeo y Julieta Martínez* (1946), Luis Escobar presentaba en el Teatro María Guerrero la comedia *Un espíritu burlón* de Noël Coward. El éxito arrollador de la pieza de Coward funcionó como el auténtico catalizador de la tendencia hacia las tramas de corte espiritista en la escena española de los años cuarenta; una moda que Tono aprovechó para aplicar su particular prisma del absurdo.

> De poco tiempo a esta parte, los fantasmas aparecen con tanta frecuencia en nuestros escenarios, que creo ha llegado el momento en que todo autor que se estime en algo debe tener su fantasma propio. Este que traigo al escenario del Infanta Isabel no pretende sentar cátedra de fantasma. Es un fantasma modesto y sencillo, que solo quiere desearles a ustedes unas buenas Pascuas, una agradable salida y entrada de año y un feliz día de su santo… (Tono, 1946: 25)[26]

Bajo esta premisa de sencillez y parodia, el protagonista refuerza el tono humorístico de la pieza al quejarse de su fatigada condición espectral, convirtiendo la inmortalidad en una tediosa rutina profesional: «Romeo. Estoy cansado de esta vida. Los espíritus llevamos una existencia insoportable. Siempre de teatro en teatro» (Tono, 1960: 35).

Con un marcado carácter de parodia intertextual hacia el clásico de Shakespeare —evidente ya desde el título—, la comedia se inicia con Julieta Martínez absorta en la lectura de la tragedia original.

La joven anhela experimentar un amor tan romántico y apasionado como el de los amantes de Verona, lo que establece desde el principio el contraste entre el ideal literario y la realidad mediocre que Tono se encargará de ridiculizar.

La acción se intensifica durante una reunión organizada por los padres de la joven, a la que asisten los señores Pérez y el profesor Díaz, un médium con supuestos poderes paranormales.

En el transcurso de la noche, logran contactar con un espíritu que resulta ser el del Romeo shakespeariano, quien regresa al mundo de los vivos atraído

26 Meses más tarde, con motivo del estreno de la obra en el Teatro Calderón de Barcelona, Tono redacta una nueva autocrítica para la revista *Barcelona Teatral*. En ella, retoma casi íntegramente los argumentos publicados previamente en el diario *ABC* de Madrid, adaptando únicamente las referencias al contexto del estreno barcelonés: «De poco tiempo a esta parte los fantasmas aparecen con tanta frecuencia en los escenarios, que creo ha llegado el momento en que todo autor, que se estime en algo, debe tener su fantasma propio. Este que traigo al escenario del teatro Calderón, con la esperanza de que lo vea todo el público de Barcelona, no pretende sentar cátedra de fantasma. Es un fantasma modesto y sencillo, que sólo quiere desearles a ustedes que pasen una buena primavera, unas alegres vacaciones estivales y un feliz día de su santo… No, no se asusten ustedes demasiado. A este fantasma, el único que puede tenerle miedo —y lo tengo— soy yo. Pero ¿quién dijo miedo?… Yo. Eso es todo. Y ahora, mi agradecimiento a Isabel Garcés, deliciosa en su Julieta Martínez; a Arturo Serrano, director insustituible, y a todos los que con su esfuerzo y comprensión han llevado adelante esta "función" con fantasma, que viene muy contenta de Madrid y quisiera no ponerse triste en Barcelona» (Tono, 1947: 8).

por Julieta Martínez. Mientras los demás invitados reaccionan con terror, la protagonista se enamora perdidamente del espectro y decide romper el compromiso con su prometido, Fernando.

El absurdo alcanza un nuevo nivel cuando Romeo propone a Julieta el suicidio para unirse eternamente en el más allá. Para ello, le regala un collar de esmeraldas que oculta un veneno mortal. En un giro típicamente cómico de Tono, la joven, que tiene miedo a morir por efecto del veneno, opta por lanzarse con su automóvil por un acantilado. Tras el intento fallido, un taxista la devuelve a casa inconsciente, donde despierta buscando desesperadamente a su amante espectral.

La tensión culmina durante la noche, cuando el fantasma de Romeo intenta apuñalarla. En ese instante, interviene el espíritu de la Julieta de Shakespeare, quien desenmascara al héroe: lejos de ser el amante ideal, este Romeo es un seductor reincidente que engaña habitualmente a la Capuleto con otras mujeres.

Finalmente, la obra parece resolverse mediante el recurso del sueño: Julieta despierta en su sofá y descubre que sigue prometida con Fernando, quien casualmente tiene el mismo rostro que el actor que interpretaba a Romeo.

Sin embargo, Tono introduce un último elemento de misterio: aunque su familia no cree en su historia, Julieta conserva el collar de esmeraldas. En el último momento, la joya se eleva por sí sola y desaparece a través del techo, dejando una puerta abierta a lo fantástico.

En esta comedia, el personaje del fantasma se revela como un auténtico donjuán que, para satisfacer sus deseos, intenta inducir al suicidio a la Julieta de Tono.

Alejado, una vez más, de cualquier pretensión de verosimilitud, el fin último de la obra es divertir al público ofreciendo momentos de absoluta evasión. En esta pieza, el diálogo vuelve a ser el motor central de la comicidad, basándose en juegos de palabras y respuestas inesperadas:

> DOÑA JOSEFINA. ¡Y vaya un smoking que te has puesto!
>
> DON VICENTE. ¿Qué le pasa al smoking?
>
> DOÑA JOSEFINA. Que te está estrechísimo.
>
> DON VICENTE. Es que lo he mandado al tinte y, en vez de dar de sí, ha dado de no. (Tono, 1960: 8-9)

En un documento inédito hallado en el Archivo General de la Administración,[27] con fecha del 13 de diciembre de 1946, el censor Bartolomé Mostaza destaca el valor literario de la comedia, calificándola de la siguiente manera: «Francamente deliciosa por el diálogo y por la ironía. Un realismo fantástico —si cabe usar esta paradoja— da ambiente sutil y agradable a la obra, la cual posee una indudable sustancia simbólica. Hay ternura de buena ley, rezumando de las situaciones más cómicas».

Mostaza profundiza en su juicio general subrayando la profundidad humana que late tras el humor: «Excelente comedia de humor y de ternura. Bien dibujados los personajes —su psicología— y abunda en situaciones paradójicas como la vida que refleja. Late en la obra un trascendentalismo no buscado por el autor, pero que al buen lector le hace sonreír y reír».

Si bien el lenguaje es siempre vivaz y sorprendente, la acción se resuelve de forma abrupta. En su reseña de la obra, Marqueríe (1946: 25) señala que la técnica de Tono rompe con los moldes convencionales del teatro de la época:

> [n]o se le puede aplicar a «Tono» una medida corriente, porque su invención escénica tampoco lo es. Para hacer reír utiliza toda clase de procedimientos, se apoya más en el diálogo —chispeante unas veces, deliberadamente disparatado otras— que en las situaciones, planteadas y resueltas de una manera caprichosa y arbitraria, lo mismo que, en general, la siluetas —no se puede ni se debe hablar de caracteres— de sus personajes.

Sin embargo, tras la voluntad de suscitar la risa, Tono logra introducir temas de calado social, como la escasez de bienes de consumo y las carencias materiales en la España de los cuarenta: «Mayordomo. [...] Como este espíritu vivía en una época en que no había ni calefacción, ni luz eléctrica, ni ninguna de todas esas cosas que ahora tampoco hay... puede que esté en el sótano o en la terraza» (Tono, 1960: 22).

En otro pasaje, el diálogo sobre la salud se convierte en una metáfora de la desigualdad económica:

> Sra. Pérez. Es una lata eso del hígado (*Al Mayordomo.*) ¿Usted tiene hígado?
>
> Mayordomo. ¡Por Dios, señora! ¡No me atrevería!... Los pobres no podemos tener esas cosas.

[27] España. Ministerio de Cultura. Archivo, Grupo de fondos, Fondo documental específico: caja 73/8743, expediente 772/46.

SRA. PÉREZ. ¡Pero, hombre, un hígado modesto!...

MAYORDOMO. Ni modesto ni nada. El hígado está bien para las personas pudientes. (Tono, 1960: 39)

Marquerie (1946: 25) destaca esta «intención burlesca en lo que atañe a ciertas cuestiones de actualidad alimenticia, concretamente a las restricciones en los artículos de primera necesidad», pero las atribuye a una escasez global. No obstante, consideramos que estas alusiones —especialmente la mención a la falta de luz eléctrica— no son meras referencias genéricas, sino críticas específicas a la realidad de la posguerra española.

El aislamiento y la autarquía impuestos por el régimen franquista provocaron un estancamiento económico que se tradujo en restricciones energéticas y falta de productos básicos, como han demostrado diversos estudios historiográficos (Clavera *et al.*, 1978; González Manrique, 1979; Carr, 1984). Tono, con su inteligencia habitual, utiliza estos temas socialmente relevantes no para elaborar un teatro de denuncia o moralizante, sino para evidenciar las incongruencias de su tiempo a través del humor, permitiendo que la crítica se filtre sin perder la ligereza de la pieza.

La obra gozó de una excelente acogida tanto por parte del público madrileño —donde alcanzó el centenar de representaciones en poco más de un mes—[28] como del barcelonés. Al respecto, Bellver (1947: 2) destaca la sintonía intelectual entre el autor y los espectadores, subrayando cómo el ingenio de Tono lograba conectar con una audiencia capaz de captar los matices más finos de su humor:

---

[28] El 26 de enero de 1947, el diario *ABC* de Madrid publicaba una nota anunciando que la obra alcanzaría su centésima representación el miércoles siguiente: «El próximo miércoles día 29 llegará a su 100 representación la divertida obra de Tono de Lara "Romeo y Julieta Martínez", que con tan gran éxito se da en el escenario del Infanta Isabel. Ese día se celebrará una función extraordinaria en honor del autor y de Isabel Garcés y del resto de los intérpretes» (Cifra, 1947a: 33). Tal y como recoge la crónica del 30 de enero, la gala extraordinaria fue un rotundo éxito de público, confirmando la excelente labor de la compañía: «Anoche se celebró en el Infanta Isabel la centésima representación de la divertida obra de Tono, "Romeo y Julieta Martínez", donde Isabel Garcés y los demás intérpretes realizan una labor escénica tan graciosa como notable. [...] Para el autor y para cuantos intervinieron en el espectáculo hubo muchos y calurosos aplausos» (Cifra, 1947b: 18).

> Tono ha dado en la diana del éxito con su nueva «función con fantasma», «Romeo y Julieta Martínez», estrenada anoche por la compañía del Infanta Isabel, en el Calderón. Los espectadores celebraron con risas escena por escena, parlamento por parlamento, situación por situación, frase por frase, palabra por palabra. Esto es lo más sorprendente y lo que dice más en favor del garbo de la obra, de su ingenio, de su equilibrio en lo desequilibrado a través de ella, y de la sensible percepción del espectador. Captar la salida explosiva de un chiste, está al alcance de cualquiera. Captar el juego constante de palabras, vehículo de frases ingeniosas, muchas de fino matiz, que se persiguen unas a otras, que estallan y restallan sin tregua ni descanso, exprimiendo el tema, jugando y conjugando sentimientos claros y conceptos retorcidos; y subrayarlos con algazara de risas, de risas que descargan el pecho y el pensamiento de malas ideas, acusa la presencia de dos fuerzas inteligentes iguales: la del autor, emisión y la del espectador, recepción. Y las dos se manifestaron anoche plenamente.

Mientras en *Guillermo Hotel* (1945) el sentido de la lógica aparece subvertido de manera coral en los diálogos de todos los personajes, en *Romeo y Julieta Martínez* (1946) el autor establece una marcada oposición entre la protagonista y el resto de las figuras. Julieta es la única capaz de percibir la presencia de otros mundos y de conectar con lo sobrenatural, mientras que los demás personajes se sitúan en el mismo plano que el público, compartiendo con este una función meramente espectadora ante lo insólito.

Por lo que respecta a *Francisca Alegre y Olé*, la comedia fue estrenada por la compañía de Arturo Serrano en el Teatro Principal de San Sebastián el 21 de agosto de 1949, para llegar después a las tablas del Infanta Isabel de Madrid el 26 de octubre del mismo año[29] y al escenario del Teatro Comedia de Barcelona en abril del año siguiente.

---

[29] Existe cierta disparidad en las fuentes respecto a la fecha del estreno de la obra en la capital. Torres Cacharrón (2018: 150) sostiene que «*Francisca Alegre y Olé* fue estrenada en 1949 en el Teatro Principal de San Sebastián el 21 de agosto, y cinco días después llegó al Teatro Infanta Isabel de Madrid». Por otro lado, un documento del Archivo General de la Administración (firmado por Agustín de Lucas el 31 de octubre de 1949) señala el 19 de octubre como la fecha de la representación madrileña. Sin embargo, la fecha filológicamente más fiable del estreno en Madrid resulta ser el 26 de octubre de 1949. Esta afirmación se apoya en la edición de Alfil (Tono, 1952: 10) y se ve refrendada de manera definitiva por el cotejo de la prensa de la época. En el diario *ABC*, la *Autocrítica* de Tono (1949b: 33) se publicó el 25 de octubre —habitualmente un día antes del estreno—, mientras que la reseña de Marquerie (1949c: 29) apareció el 27 de octubre, siguiendo la costumbre de la crítica teatral de publicarse el día posterior a la primera representación.

Como señala García Ruiz (2014: 112), esta pieza presenta una estructura mucho más definida que sus comedias anteriores, articulándose en torno a un error en el registro civil: Paquita ha sido inscrita como hombre y Olegario como mujer. Esta premisa obliga a la protagonista a renunciar a sus nupcias con el poco agraciado Bernardino, para terminar aceptando la unión con el joven Olegario.

En el primer acto, durante el día de su boda con Bernardino, Paquita experimenta serias dudas debido a la escasa inteligencia y atractivo de su prometido. La irrupción de Don Agustín confirma el conflicto: la imposibilidad legal del enlace debido al error registral sobre su género.

Avergonzada, la joven elige huir a la casa de campo de su abuela, la Marquesa, acompañada por Olegario, un joven decidido que se enamora de ella instantáneamente.

El segundo acto se traslada a dicha casa de campo, donde se produce un enredo de identidades. Los presentes confunden a Olegario con el prometido oficial, Bernardino, un equívoco que la pareja decide no aclarar para ganar tiempo. La comicidad alcanza su punto álgido cuando la Marquesa, creyéndolos recién casados, intenta obligarlos a retirarse a sus aposentos, dando lugar a una serie de enunciados disparatados:

> MARQUESA. Pues, hija, ahora es cuando se ven más colas que nunca... En fin, voy a ocuparme del equipaje, porque supongo que querréis acostaros...
>
> PAQUITA. (*Asustadísima.*) No, abuelita; acostarnos, ¡no!
>
> MARQUESA. Pero ¿es que no tenéis sueño?
>
> OLEGARIO. Yo, por mi parte, no puedo tenerme en pie.
>
> PAQUITA. No le hagas caso, abuelita. Precisamente, Bernardino no se acuesta nunca hasta las tantas. [...]
>
> MARQUESA. ¡Pero si dice que no se puede tener en pie!...
>
> PAQUITA. Es que es un bromista. Mira cómo se tiene en uno solo.
>
> MARQUESA. Bueno, bueno, ya cambiará de costumbre. En el campo hay que acostarse con las gallinas.
>
> PAQUITA. ¡Eso, eso!... ¡Que se acueste con las gallinas! (Tono, 1952: 38-39)

La llegada del verdadero Bernardino desencadena la resolución. En la lógica inversa típica de Tono, Paquita convence a su antiguo prometido de que no se suicide resaltando sus defectos. La protagonista logra que Bernardino termine sintiendo compasión por Olegario, al considerarlo el pobre hombre que tendrá que soportar a una mujer tan terrible como ella.

Finalmente, el conflicto legal se resuelve mediante una simetría perfecta: Olegario confiesa que él también fue víctima del mismo error registral y consta como mujer.

De este modo, la unión puede celebrarse, aunque bajo una estética de intercambio de roles: Paquita asume el papel de marido y Olegario el de esposa, cerrando la obra con una última transgresión de las normas sociales de la época.

Al igual que en sus piezas anteriores, Tono introduce en esta comedia sutiles referencias a la realidad social de su época, siempre bajo un prisma humorístico y evitando la denuncia explícita. Un ejemplo notable es la alusión al encarecimiento de la vida y la inflación, articulada mediante la subversión de los principios conversacionales:

> MAYORDOMO. Yo tuve un conde que encendía los cigarros con billetes de mil pesetas... y entonces, mil pesetas eran mil pesetas...
>
> DOÑA PAULA. ¡Ya lo creo! Ahora, en cambio, mil pesetas no son más que trescientas cuarenta y cinco.
>
> MAYORDOMO. Dígamelo a mí la señora.
>
> DOÑA PAULA. Pues a usted se lo digo. (Tono, 1952: 13)

La recepción crítica de la obra fue dispar, revelando la resistencia de ciertos sectores ante la innovación de Tono. Tras su estreno en San Sebastián, Goñy de Ayala (1949: 2) cuestionó la consistencia de la trama, a pesar de reconocer el ingenio del autor:

> [...] y como reúne capacidad y cualidades de autor, nos duele que dé al público obras cual «Francisca Alegre y Olé», inconsistente en extremo para tres actos a pesar de una buena exposición, que no basta para retener el interés en el desarrollo y menos aún en el desenlace, y eso que está el libro salpicado de multitud de chistes y diálogo ameno y ocurrente, ingenioso en muchos momentos, más todo ello al servicio de un absurdo gigantesco. Es un error manifiesto el suponer que lo secundario y complementario puede transformarse en sustancial y fundamental o básico. De aquí que los efectos logrados no respondan a lo que había derecho a esperar de quien puede ofrecer a las compañías y a los públicos algo mejor que el contenido de esta «función», como la denomina Tono a su obra.

Meses después, con el traslado de la pieza a Barcelona, la comedia recibió un juicio casi opuesto por parte de Bellver (1950b: 2), quien elogió precisamente su arquitectura dramática: «"Francisca Alegre y Olé" es una comedia, una excelente comedia, bien construida, bien conducida y, además, bien escrita, como nacida de la pluma de un periodista culto y sagaz [...]».

Mientras Goñy de Ayala sostiene que «lo secundario» (el diálogo) no debe suplantar a «lo sustancial» (la acción), Bellver elogia la pieza como una obra «bien construida». Es un dato objetivo que esta función posee una estructura más definida y menos azarosa que las anteriores; sin embargo, afirmar que la fuerza de la comedia resida primordialmente en la trama sería una imprecisión.

Aunque la comicidad de situación contribuye al resultado, es de nuevo el juego verbal y el diálogo sorprendente lo que sostiene el pulso escénico:

> [...] la gracia reside fundamentalmente más que en el desarrollo de las situaciones o en la invención de determinados tipos, en el chispeante juego verbal, en las sorpresas y osadías del diálogo, en el ingenio de las frases, en la viveza de las réplicas, mantenidas en permanente tensión de humor y de sarcasmo. (Marqueríe, 1949c: 29)

En última instancia, el hecho de que el virtuosismo lingüístico baste o no para dotar de vida al juego teatral depende de la disposición del crítico —y del lector/espectador— a aceptar un modelo de comicidad que hace del lenguaje su principal fuerza irradiadora.

Un año después del estreno de *Francisca Alegre y Olé* (1949), Tono presenta otra pieza paradigmática de su producción: *¡Qué «bollo» es vivir!* (1950). La obra, que ha contado con reposiciones en tiempos muy recientes,[30] fue estrenada por la compañía de Arturo Serrano el 18 de agosto de 1950 en el Teatro Principal de San Sebastián, para llegar al escenario del Infanta Isabel de Madrid el 3 de octubre del mismo año.

Por lo que respecta a la trama, la protagonista, Aurora, se lamenta de la monotonía de su matrimonio con Ramírez, a quien considera excesivamente previsible. Aurora anhela un amor pasional y tormentoso, reprochando a su marido que nunca le haya hecho experimentar siquiera los sinsabores de los celos.

---

[30] El diario *La Rioja* reporta la puesta en escena de la pieza de Tono por el grupo La Ribaza en 2018, bajo la dirección de M. T. Ruiz-Navarro (García, 2018: s. p.).

En búsqueda de conflicto, Aurora finge interés por Rolando —prometido de su hermana— y, tras diversas lecturas, llega a autodiagnosticarse un trastorno bipolar.

Para satisfacer el deseo de intensidad de su esposa, Ramírez finge haber tenido una amante, aunque es incapaz de aportar detalles sobre la relación. El enredo se complica con la aparición de Magda, su secretaria, quien confiesa a Aurora haber mantenido un idilio con él.

Tras una oscilación violenta entre la satisfacción por la supuesta energía de su marido y un ataque furibundo de celos, la situación culmina en un simulacro de suicidio: Ramírez dispara un arma, pero la bala acaba accidentalmente con la vida del gato de una vecina.

Al final, aunque Magda desmiente el adulterio ante Aurora, Tono introduce un último giro irónico: Ramírez le susurra a su secretaria que se verán al día siguiente en el lugar de siempre.

La comedia respeta formalmente las tres unidades aristotélicas; en particular, el espacio único —el despacho de los Ramírez— refleja, según Torres Cacharrón (2018: 224-225), el estado de opresión psicológica en el que se encuentra la protagonista.

Desde un punto de vista técnico, García Ruiz (2014: 113) señala que la brillantez del primer acto decrece hacia el tercero. Esta observación se ve refrendada por el análisis del corpus: de los 244 casos de humor verbal identificados, más del 50 % se concentran exclusivamente en el primer acto, reduciéndose gradualmente en los siguientes.[31]

No obstante, la capacidad inventiva del lenguaje sigue siendo notable:

> AURORA. (*Rompiendo la carta en mil pedazos pregunta cariñosamente.*) Es mentira, ¿verdad?
>
> RAMÍREZ. Sí.
>
> AURORA. (*Furiosa.*) ¡Mientes! ¡Di que eres un embustero!
>
> RAMÍREZ. Eres un embustero.
>
> AURORA. ¡Canalla! ¡Ganforro!

---

[31] De los 244 casos totales de humor verbal identificados en la obra, 129 corresponden al primer acto (53 %), 61 al segundo (25 %) y 54 al tercer acto (22 %). Estas cifras confirman estadísticamente la percepción crítica de una mayor densidad de enunciados humorísticos en el arranque de la pieza.

RAMÍREZ. ¿Ganforro?

AURORA. Sí, es un insulto que he aprendido últimamente.

RAMÍREZ. ¡Qué mujer, Dios mío! ¡Qué mujer! (Tono, 1952: 107-108)

La crítica de la época, representada por Carmona Victorio (1950: 28), subrayó la excelente acogida del público madrileño y señaló el diálogo *codornicesco* como la base de la pieza y principal fuente de hilaridad.

Además, el 13 de diciembre de 1950, Tono estrena con la compañía de Guadalupe Muñoz Sampedro la comedia *Tiíta Rufa* en el Teatro Barcelona, obteniendo gran éxito:

> El diálogo, en cadena, os obliga a beber del agua de la risa a grandes borbotones. [...] La fuerza cómica y la velocidad de los parlamentos, la gracia de la frase, aguda, ingeniosa, fluye tan abundante, rebulle y despeña tan sin descanso, que os entregáis de buen grado, al castillo de fuegos artificiales que se quema en escena. (Bellver, 1950c: 2)

La trama gira en torno a la *tiita* Rufa, un personaje exuberante que vive en una constante fantasía amorosa, jactándose de pretendientes imaginarios. Su sobrina Cristina es advertida por su marido, Luis, de que todo es una farsa: Rufa se escribe sus cartas de amor.[32]

Con la llegada de Don Ramón y Fernanda al domicilio de los Larramendi, se produce un diálogo que subraya el contraste entre las dos mujeres. Fernanda, incapaz de encontrar un solo pretendiente, interroga a Rufa sobre el secreto de su éxito con los hombres. La protagonista, haciendo gala de su arrolladora capacidad fabuladora, despliega un sinfín de mentiras y anécdotas imaginarias.

Sin embargo, en un momento de relativa sinceridad, Rufita termina confesando que su lista de admiradores se reduce, en realidad, a un único pretendiente: Agapito. Este le ha propuesto un encuentro en un hotel para conocerse mejor, una cita que se convertirá en el motor de la acción y en el punto de partida del caos de identidades que define el segundo acto.

---

[32] Del mismo modo, la protagonista de la primera gran pieza teatral de Edgar Neville, *Margarita y los hombres* (1934), trata de autoconvencerse de su belleza y atractivo redactando sus cartas de amor, las cuales firma con los nombres de los hombres más fascinantes de su época.

Esa misma noche, Rufa se halla en una habitación de hotel cuando irrumpe Agapito, quien le declara su amor. Poco después, llaman a la puerta: se trata de otro hombre que afirma ser el verdadero Agapito y denuncia al primero como un impostor.

Tras una violenta disputa que la protagonista intenta mediar, se oye un disparo y Agapito I cae al suelo, fingiendo su muerte. Aprovechando el desconcierto, Agapito II convence a Rufita de que ha sido ella quien ha disparado en un rapto de nervios. Abrumada por la culpa, la mujer termina por ocultar el supuesto cadáver en el armario.

Para recobrar la calma, la protagonista decide ducharse. En ese preciso instante, ante el ruido de nuevas voces y temiendo ser descubierto, Agapito II busca refugio apresuradamente en el cuarto de baño. Entretanto, Luis, Cristina y Don Ramón entran en la habitación para liberar del armario a Agapito I, quien —como es de esperar en esta farsa— se encuentra sano y salvo.

El acto concluye con la irrupción de Pepita, la esposa de Agapito II, que busca a su marido tras sospechar de su infidelidad. Al hallarlo escondido en el baño, empuña una pistola y amenaza a la protagonista. Agapito II se interpone entre las dos, pero se desata un forcejeo que culmina en un disparo y con Pepita tendida en el suelo, aparentemente sin vida.

En el tercer acto, la acción se traslada al bar del hotel, donde Luis —quien ejerce como el cerebro estratégico de la trama— coordina a Cristina, Fernanda y Don Ramón para ultimar los detalles de un plan urdido con una finalidad pretendidamente pedagógica. El objetivo es confrontar a la protagonista con sus mentiras mediante una manipulación radical de la realidad, tratando así de corregir la frivolidad de Rufita.

Para ello, los familiares diseñan un ejercicio de metateatralidad o farsa dentro de la farsa: un simulacro de desconocimiento sistemático que busca anular la identidad de la tía y obligarla a abandonar su mundo de fabulaciones mediante el impacto psicológico.

De hecho, cuando Rufita aparece junto a Agapito II, los demás personajes se esconden: poco después, Luis, Cristina y Don Ramón reaparecen fingiendo no conocerla, lo que sume a Rufita en un estado de confusión y angustia, haciéndole dudar de su juicio.

El clímax de esta manipulación psicológica se produce con la reaparición de Agapito I —el supuesto muerto—, cuya presencia provoca el desmayo de la protagonista.

En un nuevo giro hacia el absurdo, un doctor dictamina que la única forma de reanimarla es mediante un nuevo impacto emocional, para lo cual realiza un disparo al aire. Rufita recobra el conocimiento, pero finge una amnesia total y no reconoce a nadie.

El pánico cunde entre los familiares, hasta que la tía desvela finalmente su plan: se había dado cuenta del engaño y había decidido pagarles con su misma moneda.

La obra, que como se ha indicado fue estrenada en Barcelona en diciembre de 1950, se traslada al escenario del Teatro Reina Victoria de Madrid el 2 de marzo del año siguiente, cosechando un éxito incontestable entre la crítica especializada. Bayona (1951: 2) describe con las siguientes palabras el impacto de la obra:

> En «Tita Rufa» llega Tono a su máxima fuerza de producción. La caldera está a todo gas. Cada frase es una risa, cada chiste obtiene la carcajada. Faltan más entreactos para que el público pudiera descansar de tanto reír. Anoche se reía a marchas forzadas, como si dijéramos en jornadas intensivas. Si Tono sigue dando funciones así necesitará un público stajanovista de la risa.

Remarcando la aportación original de Tono a la literatura dramática contemporánea, Interino (1951: 23) sostiene que el humorista «coloca, bajo las pacíficas y prudentes normas clásicas, una bomba que deshace la "teoría" del teatro y pulveriza las medidas, los tiempos y las leyes». En efecto, la propuesta de Tono se define por una postura anárquica, subversiva e inimitable, donde el diálogo posee una fuerza tal que logra mantener la tensión del espectador durante toda la función.

Mediante el recurso de la asociación al absurdo, el desplazamiento semántico de las palabras y la desemantización de los clichés sociales, Tono logra sorprender y divertir a partes iguales. Un ejemplo magistral de esta ruptura de las convenciones comunicativas se observa en el siguiente intercambio:

> RUFA. (*Dentro.*) ¿Y cómo se baña aquí la gente?
>
> PIRULA. ¡Oh! Aquí todo el mundo viene bañado.
>
> RUFA. (*Dentro.*) ¿Y ustedes?
>
> PIRULA. Bien, gracias.
>
> RUFA. (*Sale con una bata elegantísima.*) Quiero decir que cómo se bañan ustedes.
>
> PIRULA. ¿Nosotros...? ¿Para qué...? (Tono, 1957b: 40)

En el teatro de Tono, las palabras parecen desprenderse de su valor denotativo original para entrar en una dimensión puramente lúdica. Sin embargo, como señala la crítica, esta ruptura no es gratuita ni puramente destructiva: «dicho sea en honor de Tono, esta alteración tiene algo de mundo poético escondido, infinitamente tierno, bondadoso y noble» (Interino, 1951: 23).

Esta ternura subyacente permite que el humor del autor sea universal y alcance a todo tipo de público sin resultar ofensivo. En efecto:

> Tono está tras cada uno de ellos dispuesto a instalar un alegre juego en el más nimio esguince del diálogo. De ahí que corra bajo toda la obra la permanente vocación del autor dispuesto a hacernos reír, no «como sea», sino precisamente, «así»: por el desconcierto de hallarnos ante un diálogo chispeante de invención, bondadosa alegría, ingenio y sorpresa. (Interino, 1951: 23)

Aunque el propósito primordial de Tono sea provocar la hilaridad mediante la creación de situaciones y personajes deshumanizados, el comediógrafo integra incluso en *Tiíta Rufa* (1950) diversas alusiones a la realidad social de su tiempo. La recurrencia del encarecimiento de la vida, la alusión a la sinrazón de la guerra y la insistencia en la preservación del honor suponen una crítica velada que logra eludir la censura gracias al tamiz de la comicidad.

En un pasaje emblemático, Rufa —convencida de haber cometido un asesinato— delibera con Agapito II sobre la mejor estrategia para deshacerse del cadáver, oscilando entre arrojarlo al río o esconderlo en un armario. Esta amoralidad, que choca frontalmente con los valores de la honestidad, se ve interrumpida por un escrúpulo social disparatado. Cuando Agapito II sugiere pernoctar en una butaca de la habitación, la protagonista rechaza la propuesta, apelando a su estado civil:

> AGAPITO II. No se preocupe. Si quiere, puedo pasar la noche aquí, en una butaca.
>
> RUFA. No me parece correcto. Si estuviéramos casados…
>
> AGAPITO II. Si estuviéramos casados no me quedaría en una butaca.
>
> RUFA. ¡Hombre, que no estamos para picardías…! (Tono, 1957b: 54)

Tono evidencia así la disfunción de la lógica social de la época: mientras los personajes son capaces de ocultar un cuerpo sin remordimientos (violando los valores humanos fundamentales), se muestran inflexibles ante las normas del honor superficial y las buenas costumbres. El autor pone de relieve la oposición entre una ética interna inexistente y un decoro externo que debe mantenerse a toda costa, revelando la hipocresía de las convenciones sociales mediante el recurso del absurdo.

Los límites del razonamiento lógico se presentan siempre dentro de un marco cómico que permite a Tono abordar temas espinosos, como los conflictos bélicos, desde una distancia despojada de solemnidad:

> FERNANDA. ¿Y dónde pasó usted la guerra?
>
> RUFA. ¿Qué guerra?
>
> FERNANDA. ¿Cómo «qué guerra»...? ¿Pero no se ha enterado usted que ha habido una guerra mundial?
>
> RUFA. No le extrañe. Leo tan poco los periódicos... Pero, ahora que me lo dice, recuerdo que por las calles de Nueva York se veían muchos militares, tanques, y cañones... ¡Claro, claro...! Yo siempre me preguntaba: «¿Para qué harán esas tonterías?» (Tono, 1957b: 26)

Al alterar las coordenadas culturales y desplazar el foco hacia la Segunda Guerra Mundial en lugar de la Guerra Civil Española, Tono logra sortear la censura institucional de la época. Sin embargo, tras la aparente ingenuidad de la protagonista, el autor lanza una crítica mordaz a los conflictos bélicos («Yo siempre me preguntaba: "¿Para qué harán esas tonterías?"», Tono, 1957b: 26), lo cual constituye, de manera implícita, una desaprobación de la contienda civil vivida por España años antes.

Asimismo, la alusión constante, y a menudo impertinente, al encarecimiento de la vida puede leerse —si no como una crítica social directa— como una denuncia de la realidad imperante durante el periodo autárquico establecido por el régimen franquista. Un ejemplo paradigmático se observa en el diálogo sobre el destino del supuesto cadáver:

> AGAPITO II. Podemos meterlo en un saco y tirarlo al río.
>
> RUFA. ¡No! ¡Al río, no! Que puede pescar algo.
>
> AGAPITO II. ¿Qué quiere que pesque, estando como está?
>
> RUFA. Yo, nada, pero a lo mejor él, va y pesca un reuma.

> AGAPITO II. Comprenda usted que a este señor, un reuma más o menos…
>
> RUFA. Sí, eso es verdad, porque los muertos no se enteran de nada, ¿verdad usted?
>
> AGAPITO II. No sé qué decirle, porque hasta ahora nunca he sido muerto. *Como está todo tan caro…* (Tono, 1957b: 53, énfasis añadido)

No obstante, es preciso subrayar una vez más que el propósito primordial de Tono no es la adscripción a un realismo social o una voluntad de reforma política. Su verdadera maestría reside en su capacidad para jugar y generar humor a partir de cuestiones de capital importancia, demostrando que el absurdo es una herramienta capaz de diseccionar la realidad sin necesidad de abandonar el terreno de la pura fantasía cómica.

Otra de las piezas fundamentales que integran el corpus analizado es *La verdad desnudita*, estrenada el 10 de marzo de 1955 en el Teatro Reina Victoria de Madrid por la compañía de Lilí Murati.[33]

En esta ocasión, Tono traslada la acción a un escenario cosmopolita —un club deportivo en París—, un recurso habitual en su producción para distanciar la trama de la realidad inmediata española y acentuar el tono de comedia sofisticada.

La pieza se articula en torno a un motivo dramático de gran eficacia cómica: el protagonista, Miguel, se ve obligado a prescindir de las convenciones sociales y no decir ni una sola mentira durante toda una jornada. A través de este ejercicio de sinceridad radical, Tono pone de relieve cómo la convivencia social se sustenta, en gran medida, sobre la hipocresía.

La verdad desnuda, desprovista de filtros, genera situaciones de una violencia cómica irresistible al chocar con la cortesía social:

> PRESIDENTE. ¿Qué ha pasado con Rosalía? Está llorando y dice que la has insultado.
>
> MIGUEL. No creo que lo que le he dicho sea un insulto.

---

[33] Cabe señalar un matiz terminológico relevante hallado en el Archivo General de la Administración. Aunque la obra figura originalmente catalogada como *La verdad desnuda* (España. Ministerio de Cultura. Archivo, Grupo de fondos, Fondo documental específico: caja 73/9112, expediente 174/54), consta en dicho legajo una instancia oficial fechada el 6 de agosto de 1954. En ella, Tono solicita al director general de Cinematografía y Teatro la autorización para modificar el título por el definitivo de *La verdad desnudita* antes de su estreno en territorio nacional.

PRESIDENTE. Le has dicho que está más gorda que nunca.

MIGUEL. Y es verdad.

PRESIDENTE. Yo también lo pienso. Pero eso no se dice...

MIGUEL. Ella me lo preguntó.

PRESIDENTE. ¿Y tú contestas siempre la verdad?

MIGUEL. Siempre.

PRESIDENTE. No digas disparates. ¿Crees que soy tonto?

MIGUEL. Sí.

PRESIDENTE. ¡Miguel! (Tono, 1955: 21)

En concreto, Miguel descubre que su prometida, Clara, le ha mentido y que, tras salir de su casa, en lugar de llegar al club en tren, se ha hecho acompañar en coche por Luis. Ella miente, pero Miguel conoce la verdad puesto que Luis le ha entregado previamente el bolso de su amada. Ante la evidencia, Clara se desespera y aduce no haber llamado a Miguel simplemente por un olvido, al tiempo que le reprocha el hecho de que resulte imposible que él siempre diga la verdad. El protagonista sostiene en repetidas ocasiones que nunca cuenta mentiras, por lo que Clara le plantea un desafío: si en un plazo de veinticuatro horas logra no decir ni una sola mentira, será considerado el mejor hombre del planeta, pero si se ve obligado por las circunstancias a faltar a la verdad, deberá pedirle perdón de rodillas:

CLARA. Pues yo te desafío a que no emplees más que la verdad durante veinticuatro horas.

MIGUEL. Y durante toda la vida.

CLARA. Me conformo sólo con veinticuatro horas. Si lo consigues, serás el ser más perfecto de la creación; pero si las circunstancias te obligan a mentir, tendrás que pedirme perdón de rodillas.

MIGUEL. ¡Qué tontería!

CLARA. ¿Aceptas la prueba?

MIGUEL. ¿Y cómo vas a saber si miento?

CLARA. Porque confío en tu palabra. Si es cierto que no mientes a nadie, no irás a mentirme a mí. ¿Aceptas?

MIGUEL. Acepto. (Tono, 1955: 17)

Miguel acepta el reto y el desafío da lugar a una serie de situaciones cómicas en las que, por lo general, se mentiría por cortesía o por pura necesidad social, mientras que él actúa desprovisto de cualquier tipo de filtro.

En este escenario hace su entrada Rosalía, la esposa del presidente del club deportivo, quien afirma haber adelgazado más de diez kilos; mientras Clara confirma que la pérdida de peso es evidente, Miguel, fiel a su compromiso con la literalidad, rebate dicha afirmación asegurando que la encuentra más gorda que nunca.

La espiral de sinceridad destructiva continúa cuando Miguel acusa abiertamente a Ivonne, la esposa de Max, de ser una mujer de costumbres ligeras, aseverando que ha mantenido relaciones con todos los miembros del club, Luis incluido.

Los daños no se limitan al ámbito de la reputación personal: el protagonista responde con absoluta franqueza a todas las preguntas que se le formulan, revelando incluso detalles confidenciales de un negocio privado relacionado con un proyecto para un concurso público hospitalario.

A pesar de que Clara le implora que ponga fin al desafío, asegurando que ya cree en su capacidad para no mentir, Miguel persiste en su actitud.

El segundo acto se desarrolla en el estudio de Miguel. Para evitar más problemas, Clara propone llevarlo al campo hasta las seis de la tarde, momento en que termina la apuesta. Sin embargo, los problemas llegan a casa antes de que puedan salir.

Primero aparece Víctor, su abogado, para recordarle que tiene el juicio de divorcio con su mujer, Margot. Miguel no quiere ir e intenta conseguir un certificado médico falso para justificar su ausencia, pero como no puede mentir, le confiesa al doctor que está perfectamente sano. El médico se niega a firmar el papel y, además, le cobra una fortuna por la visita.

A esto, se suma la llegada de Ivonne, la cual exige una compensación económica de cien mil francos mensuales, bajo la premisa de que la verdad de Miguel ha sido la causa de su ruptura matrimonial. Simultáneamente, Ducroix, socio de Miguel, se presenta para liquidar su participación en el proyecto del hospital, dado que la indiscreción del protagonista ha filtrado datos sensibles a la competencia, provocando la ruina del negocio.

La tensión llega a su punto máximo con la llegada de Luis y un inspector de Hacienda camuflado, ante quien Miguel admite haber defraudado casi la totalidad de sus ingresos anuales, transformando una charla casual en un desastre total.

Ante el colapso inminente, Víctor y Clara deciden utilizar la locura como último recurso: si el médico declara que Miguel está loco, todo lo que ha confesado no tendrá valor ante la ley.

La ironía de Tono brilla especialmente en el encuentro con el psiquiatra; la insistencia de Miguel en decir que está sano es interpretada por el médico, bajo una lógica distorsionada, como un síntoma inequívoco de esquizofrenia. Este diagnóstico, lejos de resolver la situación, es instrumentalizado por Margot para impedir el divorcio, alegando que la ley protege la unión conyugal en caso de enfermedades mentales.

Víctor, ante el problema, decide que la única solución es contarle al médico toda la verdad para que retire el diagnóstico. Sin embargo, teme que el doctor se enfade al saber que Miguel está sano y que él se ha equivocado; por eso, el abogado propone decirle al doctor que simplemente fingieron la locura. Víctor va a hablar con el médico, pero este se da cuenta del engaño y pide a Miguel y a Clara que dejen sitio para un nuevo paciente: el propio abogado Víctor.

Aunque el público acogió positivamente la comedia con numerosos aplausos (cf. Guerrero Zamora, 1955: 23; Mejías, 1955: 1; Torrente, 1955: 1), la crítica no mostró un juicio unánime ante *La verdad desnudita* (1955).

Fernández Asís (1955: 1) sostiene que el humor de la pieza nace de las situaciones creadas por Tono —especialmente en los dos primeros actos— más que de los diálogos. Con ello, el crítico subraya una diferencia respecto a las funciones anteriores del autor, en las que el efecto cómico se lograba a través de una risa mecánica. No obstante, en el tercer acto, la acción concluye de forma precipitada, lo que hace sospechar al crítico una falta de habilidad por parte del autor para idear un desenlace mejor:

> Este arcaico aforismo se convierte, una vez más, en acción dramática a través de «La verdad desnudita», cuyos dos primeros actos —como antes dijimos— se desarrollan con alguna gracia de diálogo y movilidad de situaciones, mientras el último se desploma por necesidad de precipitarse hacia un final que no se ve claro o por falta de habilidad para hacerlo mejor.

Una opinión totalmente opuesta es la de Marquerie (1955: 44), quien sostiene que el humor de la obra no depende de la trama —vista ya muchas veces tanto en el cine como en el teatro—, sino de su diálogo brillante:

> Hay en el teatro y en el cine muchas obras con un asunto semejante, pero el humor de esta pieza no radica en la originalidad de su argumento, ni en sus tipos, ni en sus

> situaciones, que recuerdan mucho la traza extranjera de algún vodevil. Lo que «Tono» busca —y en muchas escenas logra— es hacer reír con sus chispazos de ingenio, con sus evasiones al absurdo, con sus diálogos ingenuos o maliciosos, con esas réplicas inesperadas y desconcertantes que despiertan forzosamente la carcajada. [...] Tono sigue siendo un autor que dialoga con originalísimo ingenio y con una gracia personal indiscutible, aunque la trama de «La verdad desnudita» sea francamente endeble.

En sintonía con Marquerie, se ha destacado en varias ocasiones que el ingenio de Tono reside en la frescura de sus diálogos, mientras que la acción ocupa un lugar secundario. Por ello, se considera que el final precipitado de la comedia no es tanto una falta de habilidad de Tono —como sugiere Fernández Asís (1955: 1)—, sino más bien un reflejo de su poco interés por el desenlace en sí.

De hecho, González Ruiz (1955: 1) indica que lo divertido en el teatro de Tono:

> es un diálogo salpicado de ocurrencias humorísticas de singular factura. Antes, Tono lograba ensartar una tras otras esas ocurrencias, y con eso fabricaba sus «funciones». Ahora ha reducido la dosis, por razón natural, pues todo se agota en este mundo; pero sigue logrando efectos de mucha fortuna, que a mí me divierten en alto grado.

Aunque los recursos de humor verbal son menos frecuentes que en sus obras anteriores,[34] la comicidad característica de Tono mantiene toda su fuerza en los diálogos entre los personajes:

> MIGUEL. (*A* IVONNE, *como continuando la discusión. Pero ahora ya gritando.*) ¡Pues te vas a ir de aquí inmediatamente!...
>
> IVONNE. (*Gritando también.*) ¿A dónde?
>
> MIGUEL. ¡Al demonio!
>
> IVONNE. ¿Con qué dinero?... Los demonios están ahora carísimos.
>
> DUCROIX. No se preocupe, señorita. Miguel le dará lo que necesite, para que se vaya usted a un demonio decente. (Tono, 1955: 39)

---

34 En la comedia, se han registrado 178 casos de humor verbal, mientras que en todas las obras anteriores se superaban los 200 casos y en *Francisca Alegre y Olé* (1949) incluso los 300.

La última comedia publicada que forma parte del corpus seleccionado es *Crimen pluscuamperfecto*, estrenada por la compañía de Ismael Merlo en el Teatro de la Comedia de Madrid la noche del 12 de diciembre de 1956.

Dividida en dos actos —el segundo de ellos repartido en dos cuadros—, Tono crea una comedia policíaca que cuenta con «"climax", "suspense" y "happy end", con lo cual va que arde» (Tono, 1956: 55). De hecho, Carlos Lafont, en complicidad con su amante Margarita —la esposa de Ramón Valdés—, planea el asesinato de su mujer, Berta, con la intención de acusar a Ramón del crimen.

Más detalladamente, la acción se sitúa en un complejo de apartamentos. Carlos habla por teléfono con Margarita, pero interrumpe la llamada cuando aparece su esposa, Berta. Esta, llena de sospechas, confiesa que está leyendo una novela de suspense y pregunta a su marido si sería capaz de asesinarla. Carlos, en lugar de responder, se enfada por la pregunta y decide dar por terminada la conversación para irse a dormir.

La escena concluye con un giro: Berta habla por teléfono con alguien, asegurando que ha seguido el plan previsto. Al apagarse la luz, entra en escena Ramón, el marido de Margarita, y de repente se escucha un disparo seguido del grito de una mujer. Carlos aborda a Ramón y le convence de que ha sido él quien ha matado a Berta, aprovechando que Ramón se encuentra en el salón equivocado debido a que todos los apartamentos del edificio son idénticos.

Ramón, aturdido por lo sucedido, acepta un vaso de agua en el que Carlos ha disuelto un narcótico y pierde el conocimiento.

En ese momento llega Margarita que, junto al protagonista, traslada el cuerpo de Ramón hasta su piso. Cuando este se despierta, ambos le mienten diciéndole que se desmayó a causa del miedo. Poco después llega un inspector y Ramón, convencido de su culpabilidad, se entrega a las autoridades.

Sin embargo, el inspector sigue investigando e interroga a Remedios, la mujer del conserje. Al enterarse, Margarita comienza a asustarse y acusa a Carlos de haber ido demasiado lejos con su plan. Él le recrimina que la culpa no es solo suya, sino de ella por no haber aceptado huir juntos a Alicante por miedo a la reacción de sus respectivos cónyuges; ese fue el motivo real por el cual Carlos asesinó a su mujer y cargó la culpa sobre Ramón.

En este punto, la atmósfera se vuelve más tensa; Carlos intenta acercarse a ella, pero Margarita mantiene la distancia, recordándole que todavía se considera una mujer casada:

Carlos. Claro que me doy cuenta... Pero ¿por qué seguimos hablándonos de usted? Yo creo que después de esto...

Margarita. Ya le he dicho que soy una mujer decente, y hasta no ser libre completamente...

Carlos. Es usted un caso, Margarita. Por usted mato a mi mujer, ideo esta estratagema con la cual nos desembarazamos de su marido, gasto dinero en municiones y narcóticos... y usted erre que erre en que es una mujer decente.

Margarita. Y lo soy, Carlos, no le quepa la menor duda.

Carlos. ¿Y no cree usted que es una falta de decencia matar a otra persona?

Margarita. Eso es diferente, Carlos. No tiene nada que ver lo uno con lo otro. Lo importante en una mujer decente es ser decente... por lo menos hasta después de casada.

Carlos. Pero ¡para casarnos usted y yo, tendré que matar también a su marido!

Margarita. Pues lo mata usted también, y en paz. (Tono, 1956: 15)

Margarita, más preocupada por las normas del decoro que por su integridad moral —al igual que Elena en *Guillermo Hotel* (1945) y la protagonista de *Tiíta Rufa* (1950)—, sigue tratando de usted a Carlos a pesar de lo que ambos han hecho juntos.[35]

Finalmente, llega el inspector y les explica su hipótesis: según las pruebas, se trata de un crimen *pluscuamperfecto*. Con este juego de palabras, se refiere

---

35 En *Ni pobre ni rico, sino todo lo contrario* (1943), el personaje de Abelardo realiza una reflexión metalingüística en un contexto puramente cómico. En ella, destaca cómo el uso del tuteo aumenta la intimidad entre dos personas: «Margarita. Tiene usted una casa muy bonita... | Abelardo. No nos hablemos de usted, Margarita. Es mejor tutearnos. | Margarita. ¡Qué locura! ¿Qué más da hablarse de tú que de usted? | Abelardo. Es más íntimo el tú. | Margarita. A mí me parece igual de íntimo el usted que el tú. | Abelardo. Sin embargo, personas que aspiran a vivir juntas toda la vida, no se pueden hablar de usted... | Margarita. ¿Entonces usted cree que porque dos personas se hablen de usted no pueden vivir juntas? | Abelardo. Sí, vivir juntas, sí. La materialidad de vivir, sí. Pero les faltará siempre la intimidad. | Margarita. La intimidad no depende del tú ni del usted. Depende de la intimidad. | Abelardo. Efectivamente. | Margarita. Y sin intimidad no puede haber intimidad, aunque se hable uno de tú. | Abelardo. (*Ya un poco nervioso.*) Bueno. Acabemos. ¿De qué manera nos hablamos? ¿De tú o de usted? | Margarita. De las dos maneras. | Abelardo. (*A punto de estallar.*) ¿A qué llama usted de las dos maneras? | Margarita. (*Cariñosa, yendo hacia él y cogiéndole las manos.*) A hablarnos de tú, Abelardo. | Abelardo. ¿Y por qué no lo has dicho antes y nos hubiésemos ahorrado esta conversación? | Margarita. ¡Como yo no sabía si tú querías que nos hablásemos de tú!...» (Mihura y Tono, 2021: 100-102).

al tiempo verbal que describe una acción que ya se había realizado cuando otra comenzó.

El inspector sostiene que Carlos planeó matar a su esposa y, al mismo tiempo, deshacerse del marido de Margarita. Los dos se ponen nerviosos mientras el policía detalla toda la estrategia: Carlos pretendía matar a Berta con un silenciador, mientras Margarita convencía a Ramón para que llevara una pistola la noche del crimen. En el momento clave, Carlos se lanza sobre Ramón y le obliga a apretar el gatillo contra Margarita, quien no sufre daños porque el arma estaba descargada. Después, Carlos adormece a Ramón y le hace creer que se encuentra en su salón y que ha matado a Berta. Los dos cómplices lo trasladan entonces a su apartamento para convencerle de su culpabilidad.

Ante este relato, Margarita entra en pánico; de repente, aparece Berta. Esta, al conocer el plan de Carlos, había avisado al inspector, pero no podían actuar hasta estar seguros de que Carlos intentaría ejecutar su plan. Tras quitar la bala de la pistola, el inspector y Berta organizaron una farsa para atrapar a los culpables en el acto. Poco a poco, los personajes salen de escena y solo queda el inspector. Entonces regresa Berta, lista para marcharse: ambos se felicitan por su excelente actuación y se preparan para irse juntos a Alicante.

Al leer el informe inédito del censor Avelino Esteban Romero, que se encuentra en el Archivo General de la Administración[36] y que data del 7 de diciembre de 1956, se observa que el adulterio de Carlos con Margarita es aceptado al estar enmarcado en un contexto cómico, pero que la idea inicial de Tono era hacer explícita también la segunda infidelidad: la del comisario con Berta.

Sin embargo, aunque el censor subraya que «el carácter policiaco de esta pieza teatral atenúa los graves inconvenientes de orden moral que presenta su trama argumental», se considera necesario eliminar la parte en la que la relación entre el inspector y Berta resulta demasiado evidente. Por ello, Tono introduce el recurso de la simulación teatral —donde ambos se felicitan por su actuación— y elimina el tuteo, dejando que sea el público quien intuya la relación.

Según Nerva (1956: 5), Tono supera a Agatha Christie con esta comedia policíaca, ya que no solo «inventa, combina y trama un tema [...] con más

[36] España. Ministerio de Cultura. Archivo, Grupo de fondos, Fondo documental específico: caja 73/9209, expediente 331/56.

rigor, lógica y sentido de lo aparencial», sino sobre todo porque envuelve la trama en un «tejido sutilísimo de humor peculiar, distintivo, al que no ha podido llegar, ni con mucho, la autora de *La ratonera*».

De hecho, *Crimen pluscuamperfecto* (1956) presenta, en comparación con las comedias anteriores, personajes concretos, que muestran sus debilidades y sus rasgos psicológicos. Existe una lógica detrás de sus acciones, una racionalidad que no estaba presente en sus obras previas. También Marquerie (1956: 61) destaca que la técnica utilizada es impecable y que no se deja nada al azar:

> «Crimen pluscuamperfecto» [...] posee, eso sí, una técnica policiaca impecable donde no se deja ningún cabo suelto ni ningún detalle de la curiosa trama sin justificar, pero que al mismo tiempo hace reír en muchas ocasiones con esas ocurrencias, salidas y chispazos humorísticos en los que «Tono» tiene bien acreditados su ingenio y su maestría.

Sin embargo, desde el punto de vista lingüístico, los diálogos pierden la frescura y la originalidad que caracterizaban las primeras obras de Tono. El autor, de hecho, repite chistes ya utilizados en otras comedias o tiende a usar los mismos recursos para provocar el humor, llegando a frases cómicas que, por momentos, resultan previsibles:

> INSPECTOR. Estábamos recordando algunos detalles, y usted puede ayudarnos.
>
> CARLOS. Desde luego.
>
> INSPECTOR. Puede sentarse entonces.
>
> CARLOS. Gracias, pero ya me he sentado en casa.
>
> INSPECTOR. No se le van a caer los anillos porque se siente otra vez. (Tono, 1956: 39)

Este intercambio entre el inspector y Carlos recuerda, de hecho, unas réplicas presentes en *RebecO* (1944) entre la Baronesa y Armando:

> BARONESA. [...] Haga el favor de sentarse.
>
> ARMANDO. Muchas gracias, ya me he sentado en casa.
>
> BARONESA. No importa. (Tono, 1944: I, 6)[37]

---

[37] La única edición del texto disponible hasta la fecha se encuentra en la tesis doctoral de Giudicepietro (2023). Al tratarse de un trabajo inédito, tanto en este caso como en los sucesivos se cita el ejemplar mecanografiado de la obra custodiado en la Sociedad General de Autores y Editores (SGAE) de Madrid (signatura LIB/facticios 002-02).

Estrenada el 20 de junio de 1944 en el Teatro Barcelona y, posteriormente, el 12 de septiembre en el Teatro Infanta Isabel de Madrid, *RebecO* constituye la primera de las dos comedias inéditas de este corpus. Según el autor, la pieza no es una parodia, sino la continuación del género iniciado junto a Mihura en *Ni pobre ni rico, sino todo lo contrario* (1943), con la clara intención de

> hacer reaccionar a la gente contra el tópico y la frase hecha, la de luchar contra la pereza mental que repite las cosas y las frases sin pensarlas, aunque estén llenas de un sentido estúpido. Todo lo que se dice en «RebecO» no es sino el eco de una vulgaridad que se transmite de generación en generación y a la que es preciso salir al paso, subrayando su cursilería para que nuestros nietos no digan lo mismo y piensen y hablen por cuenta propia. (Tono, 1944: 14)

De hecho, el humorista pretende subvertir las expresiones idiomáticas y los lugares comunes con el fin de erradicar lo que él mismo denomina «pereza mental» (Tono, 1944: 14). Un caso ejemplar lo encontramos en el siguiente pasaje, donde Armando intenta romper el hielo hablando del tiempo. Áurea, lejos de plegarse al significado inferencial del enunciado o de aceptar la intención comunicativa de su interlocutor, pone de manifiesto la irrelevancia del tópico:

> ARMANDO. [...] ¡Hace un tiempo estupendo!
>
> ÁUREA. Sí, ya lo veo. Pero no hace falta que usted me lo diga. No comprendo esa manía que tiene la gente de decirme el tiempo que hace; como si los demás no supiéramos cuando hace frío, cuando hace calor, cuando llueve y cuando no llueve.
>
> ARMANDO. Es que cuando no se sabe de qué hablar...
>
> ÁUREA. Cuando no se sabe de qué hablar, lo mejor es callarse. El silencio también tiene un valor, pero desgraciadamente poca gente sabe comprender el valor del silencio. (Tono, 1944: I, 31)

En lo que respecta al desarrollo argumental, la obra se presenta como una parodia de los melodramas románticos de la época. La acción se sitúa en la decadente mansión de la baronesa de Montefrío, un personaje obsesionado con las apariencias y las grandes tragedias. Ella contrata a Armando Montero,

---

El testimonio presenta una numeración correlativa que se reinicia en cada acto; por lo tanto, se indica en números romanos el acto y en números arábigos la página de referencia. El año, por su parte, hace referencia al estreno de la obra.

un hombre de clase humilde, para que suplante a Rebeco, el prometido de su hija Áurea, desaparecido en un naufragio. La baronesa cree que su hija ha perdido el juicio por el trauma y que solo el regreso de su amado podrá curarla. Sin embargo, el primer gran giro de la obra revela que Áurea no está loca, sino que finge su demencia para complacer el sentido teatral de su madre.

Al encontrarse solos, Armando y Áurea descubren mutuamente sus cartas y deciden mantener la farsa: ella simula estar mejor gracias a su presencia y él finge ser Rebeco.

Durante los tres meses siguientes, la relación evoluciona desde el engaño hacia un afecto real, pero surge un conflicto de clase: Armando, consciente de su origen social inferior, se siente un impostor no solo por la mentira de su identidad, sino por no pertenecer al mundo aristocrático de los Montefrío. Esta tensión estalla cuando el verdadero Rebeco reaparece inesperadamente.

A diferencia de Armando, Rebeco se comporta como un personaje de novela, narrando su naufragio con un lenguaje lleno de tópicos heroicos y grandilocuentes. Áurea, que mientras tanto ha madurado, rechaza la perfección aburrida de su antiguo prometido.

En el clímax de la obra, la joven desprecia el destino que la sociedad le tenía preparado y elige la autenticidad de la farsa compartida con Armando, rompiendo así con las convenciones del género y demostrando que, para Tono, el verdadero juicio reside en la capacidad de reírse de las fórmulas establecidas y elegir el amor por cuenta propia.

Pese a que la trama de la comedia es relativamente sencilla, Tono cumple su objetivo —expuesto en la *Autocrítica* publicada el 12 de septiembre de 1944 en el diario *ABC* de Madrid— al crear una obra que, aun siendo totalmente paradójica, concluye con una lógica interna: «También tengo la creencia, o por lo menos la pretensión, de que en "*RebecO*" hay un fondo de poesía y que la obra, a fuerza de ser ilógica e inverosímil, acaba por parecer verosímil y lógica, "la razón de la sinrazón"» (Tono, 1944: 14).[38]

Según la crítica publicada en *La Vanguardia Española* el día posterior al estreno de *RebecO* (1944) en Barcelona, no todo el público apreció el humor

---

[38] La *razón de la sinrazón* cervantina parodia el estilo enrevesado de los libros de caballerías que terminaron por secar el cerebro del hidalgo. Tono se apropia de esta fórmula para definir su *Humor Nuevo*: un sistema donde el absurdo y la lógica no son opuestos, sino que se necesitan mutuamente.

de Tono; sin embargo, quienes lograron sintonizar con su propuesta llegaron, con sus carcajadas, a «extremos incontenibles» (García, 1944: 8):

> «RebecO», con la o final más grande que el resto de las letras, congregó anoche, para presenciar su primera representación, una cantidad de público que va siendo desusada en un estreno teatral. Así, pues, es necesario afirmar, desde luego, que el anuncio de la obra de Tono había despertado una indudable expectación en el público barcelonés. ¿Confirmó o defraudó la comedia las esperanzas del espectador? Con toda seguridad no todos los asistentes a la representación rieron las ocurrencias puestas en boca de los personajes por su autor, pero los que se sintieron presa de hilaridad llegaron en sus carcajadas a extremos incontenibles.

La razón de esta fractura podría atribuirse al hecho de que el público, habituado a un tipo de comicidad tradicional —sostiene García (1944: 8)—, no logró captar el humor que se manifiesta a través de la excentricidad del diálogo:

> Y es que quien esperaba presenciar una comedia con el sentido usual de la comicidad, posiblemente no llegó a comprender que las excentricidades —que a veces son puntualizaciones— del diálogo pudieran constituir una forma de humor, mientras otro sector, también numeroso, habituado a la desconcertante lógica de cierta publicación festiva, no buscaba otra consecuencia que la escenificación del sentido de la jocosidad con que aprecian el humor Tono y los de su escuela, sin que esta palabra aspire a molestar a nadie.

La recepción en Madrid, donde la obra se repuso en septiembre del mismo año, fue distinta. Allí obtuvo un caluroso aplauso por parte del público que «rio y aplaudió mucho no solo al final del primer acto, sino durante el curso de la representación», a pesar de que el tercer acto «disgustó a parte de los espectadores, que hicieron oír su protesta» (Marqueríe, 1944: 16). En cualquier caso, el crítico destaca que la ingeniosidad de los diálogos se basa en un «juego de ideas» más que en un simple «juego de palabras», mientras que la acción se reduce al mínimo, con una transición brusca de situaciones cómicas a otras de tinte sentimental.

De hecho, para un espectador acostumbrado a la comicidad constante de cada enunciado, resulta sorprendente la intercalación de un momento serio dentro de la pieza. Al final del segundo acto, Armando confiesa a Áurea su amor y la necesidad de abandonarla debido a las diferencias sociales entre ambos; un conflicto que remite, entre otros, al de Abelardo y Margarita en *Ni pobre ni rico, sino todo lo contrario* (1943). De la misma manera, Áurea, al igual que Abelardo, se muestra dispuesta a renunciar a su posición con tal de estar con la persona amada:

> ARMANDO. Quiero dejarte porque tú ves en mí al otro, a Rebeco. Quiero dejarte, porque tu posición nos separa. No somos iguales. Yo no soy más que un pobre hombre.
>
> ÁUREA. Yo también puedo ser un pobre hombre, si tú quieres.
>
> ARMANDO. No, Áurea, es imposible.
>
> ÁUREA. ¿Además, qué vale el dinero? Lo importante en la vida es la salud.
>
> ARMANDO. ¡Quién sabe! Los que tienen salud dicen que lo importante es el dinero, y los que tienen las dos cosas engordan. (Tono, 1944: II, 34)

En un primer momento, cuando Armando manifiesta sus intenciones, Áurea mantiene una actitud aparentemente indiferente y distante:

> ÁUREA. ¿Y para qué quiere usted volar?
>
> ARMANDO. Para irme lejos, muy lejos.
>
> ÁUREA. ¿Qué importa estar lejos si se puede soñar? Para el pensamiento no existe la distancia. Ni siquiera la luz, con sus trescientos mil kilómetros de velocidad por segundo, puede competir con la rapidez del pensamiento. (Tono, 1944: II, 30)

Sin embargo, en el instante en que Montero la abandona, la joven rompe a llorar, dejando traslucir su sufrimiento. En un estado de gran turbación, repite casi mecánicamente las palabras que antes había dirigido al hombre del que se ha enamorado:

> BARONESA. Terminar ya. ¿Vais a venir o no? Estamos todos esperando. (*Viendo a ÁUREA llorar.*) ¿Pero qué te pasa? ¿Qué tienes? ¿Y Rebeco?
>
> ÁUREA. Se ha ido.
>
> BARONESA. ¿Se ha ido?
>
> ÁUREA. Sí, se ha ido.
>
> BARONESA. ¿Pero es que ya no quiere jugar con nosotros?
>
> ÁUREA. No, ya no quiere jugar con nosotros.
>
> BARONESA. Anda, anda, vamos, que están todos esperando. (*ÁUREA se levanta y va hacia la puerta de la izquierda, seguida de la BARONESA.*)

> ÁUREA. (*Como una sonámbula.*) ¿Qué importa estar lejos? Para el pensamiento no existe la distancia. (*Hace mutis.*) (Tono, 1944: II, 36)

En relación con la crítica de Marquerie (1944: 16), si se hubieran evitado estos giros repentinos entre lo cómico y lo sentimental, el éxito de la obra habría sido aún más rotundo:

> Si en lugar de pasar bruscamente de las situaciones cómicas a las situaciones sentimentales, el autor hubiera combinado con más tiento y medida estos elementos, y si en vez de no dar importancia a la acción central [...] hubiera buscado el cebo de la intriga, de la trama, del interés, la obra estrenada anoche hubiera constituido un éxito cómico resonante.

A pesar de estas objeciones críticas, la comedia alcanzó más de ciento cincuenta representaciones (Fernández-Hoya, Aguilar y Cabrerizo, 2019: 250-251), lo que da buena cuenta del notable aprecio que el público mostró por *RebecO* (1944).

Mediante un uso agudo del lenguaje, Tono articula una comedia en la que lo absurdo y lo irreal se funden perfectamente con la nueva concepción humorística de la época. Es, de hecho, la calidad literaria de los diálogos lo que más sorprende: «Pero no por eso hay que olvidar que en "Rebeco" hay frases, ocurrencias, expresiones de fina comicidad y de agudo sentido satírico, que confirman la calidad literaria de Tono, uno de los grandes, de los auténticos humoristas de nuestro tiempo» (Marquerie, 1944: 16).

La segunda y última de las comedias inéditas que integran este corpus es *Algo flota sobre Pepe* que fue estrenada por la compañía de Aurora Redondo y Valeriano León el 30 de marzo de 1949 en el Teatro Alcázar de Madrid,[39]

---

[39] El 31 de marzo de 1949, al día siguiente del estreno de *Algo flota sobre Pepe*, el Delegado Provincial, Agustín de Lucas, informó al Director General de Cinematografía y Teatro de Madrid sobre la representación de la comedia realizada el día 30 de marzo de 1949 en el Teatro Alcázar de Madrid: «Ilmo. Sr. | Tengo el honor de poner en conocimiento de V.I. que en el día de ayer se asistió en el teatro Alcázar al estreno de la obra "ALGO FLOTA SOBRE PEPE", original de Antonio de Lara, puesta en escenap [*sic*] por la compañía de Aurora Redondo y Valeriano León, con arreglo a la guía de censura correspondiente. | Dios guarde a V.I. muchos años. | Madrid, 31 de marzo de 1949 | EL DELEGADO PROVINCIAL | Firmado. Agustín de Lucas». Se cita aquí el acta de notificación del estreno inédito conservada en el expediente con número de

para ser posteriormente repuesta en una versión corregida y aumentada en el Teatro Infanta Beatriz el 18 de octubre del mismo año.[40]

En cuanto al desarrollo argumental de la pieza, este puede resumirse del siguiente modo: el protagonista es el inventor Don León Mendigurrieta, quien, a escondidas de su mujer Marina, acude al cabaré *Pepe-Poga* la noche previa a recibir un importante premio de una asociación de científicos. Tras pasar la noche bajo los efectos del alcohol entre el club nocturno y la comisaría, el hombre regresa a casa a la mañana siguiente sin recordar nada de lo sucedido.

De improviso, se presenta el portero del *Pepe-Poga* dispuesto a ofrecer sus servicios a Don León, ya que este adquirió el local la noche anterior. El protagonista, sorprendido y temeroso de que su esposa lo descubra, pide al

---

registro 0104/49, contenido en la caja 73/08864 del Archivo General de la Administración (España. Ministerio de Cultura). El documento carece de numeración, está mecanografiado en tinta negra y ostenta el sello del Ministerio de Educación Nacional – Delegación Provincial de Madrid.

40 El 17 de octubre de 1949, Francisco Butier, representante de la compañía, solicitó formalmente la autorización para un nuevo montaje de la obra que incluía escenas modificadas y material inédito. El documento de esta petición, manuscrito en tinta azulada, se conserva en el Archivo General de la Administración (España. Ministerio de Cultura, expediente 0104/49, caja 73/08864) y cita lo siguiente: «Ilmo. Señor | Habiendo puesto algunas escenas nuevas en la comedia titulada "Algo flota sobre Pepe" original de Antonio Lara —Tono— espero de su amabilidad sean censuradas y darme el oportuno permiso para su representación, por la compañía Aurora Redondo-Valeriano León. | Madrid 17 de Octubre 1949 [*sic*] | El Representante | Francisco Butier». La aprobación de dichas adiciones consta en el margen superior izquierdo de la misiva, donde el Director anotó en tinta negra: «Autorizadas las escenas intercaladas en el ejemplar de archivo», seguido de una firma ilegible. El proceso administrativo concluye con un informe posterior del delegado provincial Agustín de Lucas, fechado el 19 de octubre, en el que comunica oficialmente que el reestreno de la pieza tuvo lugar la noche anterior. En el documento inédito se lee: «Ilmo. Sr. | Tengo el honor de poner en conocimiento de V.I. que en el día de ayer se asistió en el teatro Infanta Beatriz a la reposición de la obra titulada "ALGO FLOTA SOBRE PEPE" original de Antonio de Lara, puesta en escena por la compañía de Aurora Redondo y Valeriano León, con arreglo a la guía de censura correspondiente. | Dios guarde a V.I. muchos años. | Madrid, 19 de octubre de 1949 | EL DELEGADO PROVINCIAL | Fdo. Agustín de Lucas». El documento carece de numeración, está mecanografiado en tinta negra y ostenta el sello del Ministerio de Educación Nacional – Delegación Provincial de Madrid.

señor Justo que se encargue del asunto. Mientras tanto, Marina, ajena a lo ocurrido, contrata a una nueva cocinera —que solo sabe preparar huevos fritos, se niega a ir al mercado y exige tres días libres por semana— y se dispone a recibir a la comisión científica que debe entregar el premio a León.

La señora Sol, esposa del señor Justo, acude al domicilio de los Mendigurrieta para informar a Marina de que su marido ha sido visto en actitud promiscua con una joven en un cabaré. Aunque en un principio se resiste a creerlo, Marina comienza a alarmarse al notar comportamientos extraños en su esposo. Ante sus sospechas, León se justifica alegando estar inmerso en una nueva invención cuando, en realidad, abandona la casa para asistir a una fiesta organizada en el cabaré.

Preocupada, Marina llama a un médico y le confiesa sus temores. Al ver al protagonista huir por el balcón, el doctor le diagnostica un trastorno de doble personalidad sin realizar un examen previo.

La señora Sol regresa de nuevo para expresar su miedo por la suerte de su marido, quien, al igual que León, no ha vuelto a casa; ambas mujeres se inquietan aún más al sospechar que los dos han sido víctimas de un asesino mencionado en la prensa del día.

Tras la marcha de la señora Sol, el enredo se complica: León regresa con unos amigos con la intención de confesar toda la verdad a su mujer, pero uno de ellos, el señor Felipe, se encuentra en tal estado de embriaguez que se queda dormido en el sofá. Mientras tanto, el resto de la compañía abandona la casa.

Poco después, el médico y Marina encuentran al hombre en el sofá y creen reconocer su rostro en la sección de personas desaparecidas del periódico. Al darlo por muerto, suponen que León es el asesino, por lo que Marina, para proteger a su marido, oculta al señor Felipe en el sótano.

Cuando León reaparece, su esposa lo acusa de homicidio, pero él le cuenta toda la verdad.

Herida, Marina decide actuar como si su marido ya no existiera. León, desesperado, toma un encendedor con forma de pistola —o, más bien, lo que él cree que es un encendedor— y amenaza con quitarse la vida si la pierde. Al apretar el gatillo, descubre que el arma es real y cae al suelo.

El cierre brusco y violento de la pieza, característico de las comedias de astracán, provocó una reacción inesperada por parte del público. Según la crítica de Marquerie (1949a: 17) publicada en el diario *ABC* de Madrid el 31 de marzo de 1949, los espectadores acogieron positivamente el primer y segundo acto con numerosos aplausos, mostrando, por el contrario, su descontento ante el tercero:

> anoche se estrenó en el teatro Alcázar una obra de Antonio de Lara, «Tono», titulada «Algo flota sobre Pepe». El público acogió con risas y aplausos el primero y el segundo acto, y hacia la mitad del tercero, parte de los espectadores hizo patentes, ostensibles muestras de desagrado, que se acentuaron al terminar la representación.

El crítico, que hasta entonces siempre había manifestado su aprecio por las obras de Tono (cf. Marquerie, 1945a: 16; 1945b: 14; 1946: 25), subraya cómo, en el tercer acto, la trama de la comedia colapsa, perdiendo su capacidad de novedad y sorpresa al sustentarse exclusivamente en lo inverosímil:

> a esta urdimbre tan traída y llevada en el teatro, «Tono» ha sabido inyectarle un diálogo tan disparatado como gracioso, lleno de felices ocurrencias que, como queda consignado en la reseña, provocaron la hilaridad del auditorio en el transcurso de los actos primero y segundo. Pero al llegar al acto tercero, como la acción desmaya y languidece, carece de novedad y de sorpresa, y solo se apoya en la inverosimilitud y en el absurdo, ese humor que se basa únicamente en volver del revés los tópicos y las «frases hechas» o en aludir a temas de actualidad como el de la escasez de ciertos comestibles, no sirve para mantener la atención ni el interés de los espectadores. Y «Tono», perdido el hilo débil que sostenía la tensión irónica de su farsa, llega al desenlace de un modo absurdo, con la riña y el disparo, que tantas veces hemos censurado por su violencia en el llamado género «astracanesco». De la «función» de «Tono» queda, pues, su acento humorístico, siempre nuevo y atrevido, y no se mantiene el flojo desarrollo del asunto, que no alcanzó la finalidad propuesta. (Marquerie, 1949a: 17)

Lo que resulta sorprendente de la crítica de Marquerie (1949a: 17) es que la debilidad de la trama en las piezas de Tono no es solo un aspecto ya señalado con anterioridad, sino, sobre todo, una característica que no es exclusiva de la obra en cuestión.

Como se ha mencionado en repetidas ocasiones, el eje de la vivaz comicidad del humorista reside en los diálogos y en los hilarantes juegos verbales, un aspecto valorado por el crítico al subrayar que el acento humorístico de Tono es siempre «nuevo y atrevido» (Marquerie, 1949a: 17).

Asimismo, el crítico, al reseñar *Guillermo Hotel* (1945) en el diario *ABC* el 9 de mayo de 1945, pone de relieve que en el humor de Tono prima lo que los personajes dicen sobre lo que hacen:

> en «Guillermo Hotel» no es importante el enredo de la trama ni las entradas y salidas de los personajes o la justificación de sus movimientos escénicos; interesa poco lo que los personajes «hacen», lo que interesa es lo que los personajes «dicen». En eso radica el quid de este humor, donde, en vez del chiste más o menos rebuscado, se busca como eficaz resorte de la hilaridad la salida de tono. (Marqueríe, 1945a: 16)

Si en el caso de *Guillermo Hotel* (1945) es cierto que el *quid* del humor reside en el diálogo mientras la acción queda relegada a un segundo plano, esta consideración es plenamente aplicable a una comedia como *Algo flota sobre Pepe* (1949), dado que nos hallamos ante el mismo tipo de comicidad disparatada cercana al absurdo.

Por tanto, resulta muy probable que la mordaz crítica al tercer acto no se deba a la debilidad de la acción, sino que sea más bien atribuible al epílogo: la muerte del personaje arroja un velo de amargura al que Tono no tenía acostumbrado a su público.

Lo que resulta aún más sorprendente es que, aproximadamente siete meses después, la comedia fue repuesta en el Teatro Beatriz de Madrid, esta vez en una versión «corregida y aumentada» (*ABC*, 1949b: 26). A pesar de que el desenlace es idéntico en ambas versiones y de que las adiciones resultan accesorias —sin alterar el curso de la trama—, la crítica de Marqueríe (1949b: 21) entra en abierta contradicción con la anterior:

> ayer por la tarde se repuso en el Infanta Beatriz la «función» de Tono, titulada «Algo flota sobre Pepe», a la que el autor ha introducido nuevos efectos y frases de humor que, como el resto de la disparatada y divertida trama, causaron la hilaridad del auditorio. Aurora Redondo y Valeriano León y el resto de la compañía trabajaron con el mejor arte y entusiasmo. Las carcajadas fueron continuas y el autor salió a saludar entre grandes aplausos al fin de cada acto.

Mientras en marzo del mismo año Marqueríe señalaba que en *Algo flota sobre Pepe* (1949) «la acción desmaya y languidece, carece de novedad y de sorpresa, y solo se apoya en la inverosimilitud y en el absurdo», pocos meses después sostiene que la trama es «divertida» y provoca la «hilaridad del auditorio». Un cambio de perspectiva tan evidente puede justificarse mediante la tesis avanzada anteriormente: el epílogo, insólito para las comedias habituales de Tono, frustró inicialmente las expectativas del público y de la crítica, algo que, a pesar de todo, se encuadra en el carácter exuberante y original del comediógrafo.

Pese a las reticencias iniciales de Marquerie, las carteleras teatrales de la época definían la obra como «la más divertida "función" de Tono» (*ABC*, 1949a: 19). Casi un año después de su estreno en Madrid, la comedia se presentó en Barcelona, en el teatro homónimo, obteniendo grandes elogios:

> los tres actos gustaron y con la sonrisa en los labios en los entreactos lo pasamos bien. Lo que «Tono» pone en la olla [...] no es muy nuevo que digamos. Pero «Tono» los baraja con desparpajo risueño, y si a esto añadimos la soltura del diálogo, el juego de frases ingeniosas, que abundan, y una docena de «golpes» de mucha gracia, nos dará el resultado divertido que obtenemos. (Bellver, 1950a: 2)

«El éxito de risa es impresionante» —sostiene Bellver—, añadiendo que «a la risa siguen los aplausos, muchos y sostenidos, a cuyo calor se alzó el telón incontable número de veces». Al poner de relieve, una vez más, la centralidad del diálogo y del ingenio verbal, Bellver demuestra cómo Tono logró plenamente su propósito: crear una pieza capaz de divertir y provocar la risa más pura.

De hecho, en la *Autocrítica* publicada en el diario *ABC* de Madrid, Tono delinea —a través de un diálogo imaginario entre él mismo y una voz desconocida— el propósito fundamental de la comedia:

> VOZ. –¿Qué es lo que se ha propuesto, entonces, al escribir esa obra?
>
> YO. –Estrenarla.
>
> VOZ. –¿Nada más?
>
> YO. –Nada más. Yo soy un hombre de bien.
>
> VOZ. –Pero ¿usted no sabe que el teatro es una escuela de costumbres?
>
> YO. –No lo sabía. Si lo hubiera sabido...
>
> VOZ. –¿Y por qué la titula «Algo flota sobre Pepe»?
>
> YO. –Pues..., no sé qué decirle...
>
> VOZ. –¿Hay alguien que se llame Pepe en la obra?...
>
> YO. –No; no hay nadie que se llame Pepe en la obra.
>
> VOZ. –¿Y algo que flote?...
>
> YO. –Tampoco. No hay nada que flote.
>
> VOZ. –Entonces, ¿por qué la llama usted de esa manera?
>
> YO. –Porque de alguna manera tenía que llamarla. ¿Usted, cómo se llama?

VOZ. –Felipe.

YO. –¿Y por qué se llama usted Felipe? ¿Tiene usted algún «fe» o algún «lipe» en su familia?

VOZ. –Creo que no... Fue mi padre quien me puso ese nombre.

YO. –Pues lo mismo ocurre con mi «función». Al fin y al cabo, soy el padre de ella.

VOZ. –¿Es obra de tesis?

YO. –¿Y qué es eso?

VOZ. –Tesis es una conclusión o proposición que se mantiene con razonamientos.

YO. –Entonces, no es obra de tesis.

VOZ. –¿Ni tiene moraleja?

YO. –Tampoco tiene moraleja. Las moralejas andan ahora muy escasas. Como las traían de Portugal...

VOZ. –Total: que la obra no tiene nada.

YO. –¡Hombre, no! Nada, sí tiene.

VOZ. –Y qué es lo que tiene?

YO. –Pues tiene que Aurora Redondo y Valeriano León están imponentes, como también el resto de la compañía, que tampoco son mancos. (Tono, 1949a: 19-20)

Como es habitual en la producción dramática de Tono, la comedia rehúye cualquier tesis o intención moralizante; el objetivo que persigue es la creación de una pieza puramente lúdica destinada a la representación, carente de toda pretensión de verosimilitud.

Con *Algo flota sobre Pepe* (1949) se concluye el examen de las obras que conforman el corpus de esta investigación.

Tras esta exposición descriptiva, se presentan a continuación los resultados del análisis cualitativo y cuantitativo obtenidos mediante la aplicación de la ficha taxonómica diseñada para el estudio, permitiendo así observar la evolución y recurrencia de las estrategias de humor verbal en el teatro de Tono.

3.3. Resultados del análisis cualitativo y cuantitativo

Una vez establecida la base teórica y las herramientas de análisis, se procede a la exposición de los resultados obtenidos tras el examen exhaustivo de las nueve piezas que conforman el corpus.

Tal como señala Ruiz Gurillo (2012: 23-42), frente a la Teoría General del Humor Verbal (Attardo y Raskin, 1991), se sitúan enfoques alternativos como la lingüística cognitiva y la Teoría de la Relevancia (Sperber y Wilson, 1986). La primera indica que el concepto de guion (*script*) es excesivamente rígido, prefiriendo entender el humor como un uso creativo y dinámico del lenguaje. Por su parte, la Teoría de la Relevancia interpreta el fenómeno humorístico como un uso ecoico del lenguaje, donde el principio de relevancia es el único guía para que el oyente resuelva la incongruencia.

No obstante, en la presente investigación se sostiene que todos estos enfoques no deben entenderse como marcos excluyentes o en contraste absoluto, sino como perspectivas complementarias que pueden englobarse en un estudio integral.

Más en particular, mientras la TGHV proporciona una arquitectura estructural necesaria para entender cómo se procesa y organiza el humor en el cerebro del receptor (a través de sus seis recursos de conocimiento o *KRs*), la Teoría de la Relevancia se erige como una de las herramientas pragmáticas fundamentales para identificar dónde reside el efecto humorístico. Es decir, la relevancia explica el proceso de inferencia y la ruptura de expectativas en el acto comunicativo, mientras que la TGHV desglosa los componentes lógicos y narrativos que hacen posible dicha ruptura. Esta sinergia teórica permite, por tanto, un análisis mucho más exhaustivo de la complejidad multimodal en la obra de Tono.

Puesto que el estudio revela que la mayoría de los casos de humor verbal se articulan en el plano pragmático, se ha decidido iniciar la exposición de los resultados por este nivel; una organización de carácter descendente que responde a la jerarquía estadística y permite situar, desde el comienzo, el motor principal del *Humor Nuevo*: la subversión de las leyes de la comunicación.

Sin embargo, es imperativo precisar que, aunque los resultados del análisis de los tres niveles lingüísticos —léxico, sintáctico y pragmático— se presentan de forma diferenciada para facilitar su estudio, en la praxis de Tono la comicidad surge a menudo de la interacción simultánea de los diversos niveles.

En efecto, la gran fuerza creadora del humorista reside en la capacidad de despojar a la palabra de cualquier significado accesorio para alcanzar su valor esencial a través de un humor multimodal. Por ello, el fenómeno humorístico no suele nacer de un expediente léxico, sintáctico o pragmático aislado, sino que emerge de la confluencia de los tres niveles en un mismo intercambio comunicativo.

Mientras que el humor tradicional se fundamentaba en mecanismos retóricos clásicos —como la mera repetición o el equívoco—, Tono pone dichos recursos al servicio de una propuesta que transgrede los principios pragmáticos fundamentales, completando así una arquitectura integral del absurdo donde el sentido humorístico nace del conjunto de la estructura y no de sus partes segmentadas.

El análisis del corpus ha permitido notar que el aspecto innovador de la técnica de Tono reside en la subversión de las frases hechas, los clichés y los lugares comunes mediante un uso disruptivo del lenguaje. No se trata únicamente de un ejercicio formal externo; Tono dota a sus personajes de una conciencia metalingüística que les permite denunciar activamente el anquilosamiento del discurso cotidiano dentro de sus *funciones*. Esta lucha abierta contra el tópico se manifiesta de manera explícita en *¡Qué «bollo» es vivir!* (1950), donde la protagonista, Aurora, se rebela ante la falta de lógica de las expresiones fijas:

> DOCTOR. ¿Por qué no guarda cama?
>
> AURORA. ¿En dónde?
>
> DOCTOR. ¿Cómo en dónde?
>
> AURORA. Digo que ¿en dónde quiere usted que guarde la cama?
>
> DON FELIPE. Mujer, es que se dice así.
>
> AURORA. Sí, es un tópico y los tópicos me sacan de quicio.
>
> DOÑA ÚRSULA. Hija, no te pongas nerviosa.
>
> AURORA. ¿Cómo no voy a ponerme nerviosa con las tonterías que dice la gente? Me irritan las frases hechas. Todas son falsas... ¿Quién es capaz de andar de coronilla? ¿Por qué no tiene importancia un pimiento? ¿Cuándo habéis visto un grito pelado?
>
> DOCTOR. En eso lleva razón.
>
> AURORA. En eso y en todo. (Tono, 1952: 101)

Este fragmento ilustra perfectamente la convergencia de niveles: el humor nace de una transgresión pragmática (Aurora ignora la intención comunicativa del Doctor sobre su salud), pero se apoya en una literalización léxica (el tratamiento del modismo *guardar cama* como una acción física) y en una subversión sintáctica de las expresiones idiomáticas.

Dada la naturaleza pragmática y semántica del estudio —la cual requiere una capacidad interpretativa que los algoritmos automáticos no pueden procesar por completo—, se ha optado por un etiquetado manual de los enunciados humorísticos.

No obstante, para la organización, almacenamiento y cálculo estadístico de los 2000+ ejemplos identificados, se ha utilizado Microsoft Excel, garantizando así el rigor en el tratamiento de los datos.[41]

A continuación, se presenta la tabla con el porcentaje de los casos de humor registrados a nivel pragmático en el corpus seleccionado:

Tabla 1. Distribución del humor de naturaleza pragmática en el corpus

Obra (año)	Casos humorísticos totales	Casos humorísticos identificados en el nivel pragmático	Infracción principio de cooperación (Grice, 1975)	Reversión relevancia (Sperber y Wilson, 1986)
RebecO (1944)	249	133	63,7 %	28,3 %
Guillermo Hotel (1945)	277	134	67,9 %	28,4 %
Romeo y Julieta Martínez (1946)	236	98	57,1 %	35,7 %
Algo flota sobre Pepe (1949)	251	103	74,8 %	16,5 %

[41] Es importante advertir que las tablas que se presentan a continuación exponen los resultados de los expedientes lingüísticos mayoritariamente empleados por Tono. Por tanto, en aquellos casos donde el cómputo porcentual no alcance el 100 %, se debe a que el efecto humorístico se origina a partir de otros factores complementarios que han sido debidamente consignados en las fichas de análisis. El repertorio íntegro de estas fichas de análisis se halla recogido en la tesis doctoral de Giudicepietro (2023: 555-917); sin embargo, dada la vastedad de dicho aparato documental, en el presente trabajo se han seleccionado los ejemplos más significativos y los resultados más relevantes del estudio para su exposición y comentario.

Obra (año)	Casos humorísticos totales	Casos humorísticos identificados en el nivel pragmático	Infracción principio de cooperación (Grice, 1975)	Reversión relevancia (Sperber y Wilson, 1986)
Francisca Alegre y Olé (1949)	310	152	77 %	18,4 %
¡Qué «bollo» es vivir! (1950)	244	108	64,8 %	24,1 %
Tiíta Rufa (1950)	233	102	67,6 %	23,5 %
La verdad desnudita (1955)	178	92	76 %	13 %
Crimen pluscuamper-fecto (1956)	156	87	79,3 %	10,3 %

El análisis cuantitativo confirma la supremacía absoluta de la violación del principio de cooperación de Grice (1975) como el motor fundamental del humor pragmático en la obra de Tono, manteniendo una presencia dominante que oscila entre el 57,1 % y el 79,3 % de los casos identificados. Esta hegemonía estadística revela que la comicidad del autor se apoya en la violación sistemática de las normas del intercambio comunicativo, donde los personajes en vez de cooperar o *negociar las informaciones*, eligen la impertinencia, la falsedad o la ambigüedad deliberada.

Desde la óptica de la TGHV (Attardo y Raskin, 1991), este predominio sitúa a la transgresión de las máximas como el Mecanismo Lógico (LM) por excelencia del humor de Tono, consolidando una poética del absurdo donde el humor nace de una voluntad de no-cooperación que se radicaliza cronológicamente; así, el lenguaje deja de ser una herramienta de entendimiento para convertirse en un escenario de resistencia pragmática, donde el personaje prefiere habitar su lógica interna antes que satisfacer las necesidades informativas de su coenunciador.

Cabe subrayar que, aun dentro de las convenciones de la ficción dramática, el intercambio entre los personajes se fundamenta en la naturalidad del diálogo y la mimetiza. Esta base es esencial, ya que la eficacia del humor de Tono reside precisamente en que la interacción refleja las dinámicas de la conversación espontánea; solo a partir de este reconocimiento de la realidad conversacional por parte del receptor es posible percibir el impacto de la subversión, el vacío semántico y el absurdo que el autor propone. Por esta razón, en el análisis lingüístico, se prefiere emplear el término *coenunciador* para referirse a la persona a la que el enunciador se dirige, en lugar de locutor, oyente o destinatario. Esta elección responde a que, en consonancia con el planteamiento de Gagliardelli (1999: 36-37), los términos citados no parecen reflejar eficazmente la idea de un sujeto real que no recibe pasivamente la emisión ajena, sino que coopera activamente en el funcionamiento de la conversación.

Para la explicación de los casos de humor que surgen de la trasgresión de principios pragmáticos, se presentan los intercambios comunicativos seleccionados del corpus, acompañados de sus respectivas fichas de análisis, lo cual permite observar de manera detallada y sistemática la mecánica del humor en cada uno de los niveles lingüísticos previamente descritos.

Tono, mediante el uso de unidades fraseológicas, evidencia la repetitividad de los esquemas de un razonamiento o de un discurso para manifestar su falta de originalidad. Un ejemplo de ello se encuentra en la secuencia mencionada anteriormente en la fase de descripción del corpus y extraída de *Francisca Alegre y Olé* (1949):

> MAYORDOMO. Yo tuve un conde que encendía los cigarros con billetes de mil pesetas… y entonces, mil pesetas eran mil pesetas…
>
> DOÑA PAULA. ¡Ya lo creo! Ahora, en cambio, mil pesetas no son más que trescientas cuarenta y cinco.
>
> MAYORDOMO. Dígamelo a mí la señora.
>
> DOÑA PAULA. Pues a usted se lo digo. (Tono, 1952: 13)

El mayordomo emplea un pragmatema —una unidad fraseológica cuyo valor está restringido por la situación de uso—[42] constituido por la expresión

[42] El concepto de pragmatema se inscribe en la Teoría Significado-Texto (*Meaning-Text Theory*) del lingüista ruso Igor Mel'čuk (2006, 2012, 2013), orientada a describir las combinaciones no libres de la lengua. Bajo este prisma, los pragmatemas se definen como unidades fraseológicas cuyo uso no depende exclusivamente de la intención semántica del hablante, sino que está condicionado por una situación comunicativa específica y extralingüística.

Tabla 2. Aplicación de la ficha para la taxonomía de las técnicas del humor verbal – ejemplo 1

I. PARÁMETROS CONCEPTUALES (TGHV, Attardo y Raskin, 1991)
- SO (*Script Opposition*): Pasado vs. Presente: El valor real del dinero frente a su pérdida de poder adquisitivo.
- SI (*Situation*): Un diálogo sobre la antigua aristocracia y la carestía de la vida.
- TA (*Target*): El vacío de las frases hechas.
- NS (*Narrative Strategy*): Diálogo dramático de remate rápido.

II. NIVEL LINGÜÍSTICO (TGHV: LA - *Language*)

A. Nivel Léxico
- Locuciones: Se identifica el uso del pragmatema «Dígamelo a mí».
- Repeticiones léxicas: La recurrencia del sintagma *mil pesetas* actúa como un ancla semántica que prepara el terreno para el quiebro lógico posterior.

B. Nivel Sintáctico
- Oraciones tautológicas: El Mayordomo emplea la estructura «mil pesetas eran mil pesetas».
- Paradoja y Proposiciones con resultado absurdo: Doña Paula responde con una anti-tautología (1 000 pesetas = 345 pesetas). Utiliza una cifra absurdamente precisa para romper el lugar común sobre la inflación.

C. Nivel Pragmático (TGHV: LM – *Logical Mechanism*)
- Transgresión del principio de relevancia (Sperber y Wilson, 1986): Doña Paula ignora la intención del Mayordomo (quejarse de la carestía de la vida).
- Transgresión del Principio de Cooperación (Grice, 1975):
  - Máxima de Calidad: Doña Paula afirma algo objetivamente falso (1 000 pesetas no son 345 pesetas).
  - Máxima de Relación y Modo: Al final del diálogo, Doña Paula responde a la literalidad del pragmatema. Cuando el Mayordomo dice «Dígamelo a mí», ella entiende la orden sintáctica de «decir algo a alguien», rompiendo la máxima de relación y modo al ignorar el significado figurado.

dígamelo a mí. Esta fórmula suele emplearse en contextos donde el coenunciador realiza una consideración —generalmente una queja— que afecta directamente al enunciador o lo involucra en igual o mayor medida.
En este caso, frente a Doña Paula, que se queja indirectamente del aumento de los precios —siempre de forma humorística, ya que el enunciado «mil pesetas no son más que trescientas cuarenta y cinco» presenta una cifra absurdamente precisa—, Tono sustrae al pragmatema *dígamelo a mí* su significado inferencial, el cual depende directamente del contexto enunciativo, para jugar con el valor literal de la expresión. Doña Paula, de hecho, responderá

en consonancia con ese significado más inmediato y lineal: «Pues a usted se lo digo» (Tono, 1952: 13).

Se observa, por tanto, una subversión de dos de los principios conversacionales que regulan la comunicación: en primer lugar, el principio de relevancia de Sperber y Wilson (1986) y, en segundo lugar, el principio de cooperación de Grice (1975).

Respecto al primero, Sperber y Wilson parten de la idea de que comunicar no consiste en una mera transmisión de datos del enunciador al coenunciador, sino que los diversos matices de significado de un enunciado surgen gracias a las inferencias, las cuales derivan de la falta de correspondencia biunívoca entre lo que se dice verbalmente y lo que se pretende comunicar.

En particular, los autores postulan la existencia de una brecha o *gap* entre las representaciones semánticas de los enunciados y los conceptos que efectivamente se transmiten durante el intercambio. Para colmar este vacío, es imprescindible activar un proceso de inferencia: «*this gap is filled not by more coding, but by inference*» (Sperber y Wilson, 1986: 9).

Durante el intercambio comunicativo, los interlocutores ponen en marcha dos mecanismos: uno de ostensión y otro de inferencia. El enunciador presenta indicios —mediante un estímulo ostensivo— gracias a los cuales destaca determinados elementos en su enunciado, mientras que el coenunciador, a través de los mecanismos inferenciales, logra comprender mucho más de lo que se expresa literalmente. Por un lado, en el proceso de ostensión, el enunciador elige el estímulo que requiere el menor esfuerzo para que el enunciado sea relevante; por otro, en el de inferencia, el coenunciador capta los matices de significado que resultan más inmediatos dado el contexto.

Este principio lingüístico que rige la comunicación humana se ve subvertido en Tono: ante un enunciado dado, los personajes no optan por la inferencia más inmediata acorde al contexto, sino por la más inaccesible o, mejor dicho, irrelevante. Obsérvese el siguiente ejemplo, extraído de la primera escena del acto I de *Guillermo Hotel* (1945), para entender mejor el proceso:

> CONSERJE 2.º. ¿El señor está cansado?
>
> ALBERTO. Estoy que no sé dónde tengo los pies.
>
> CONSERJE 2.º. Me parece que los tiene usted ahí, en el suelo.
>
> ALBERTO. Sí, es posible. Muchas gracias. (Tono, 1957a: 7)

Tabla 3. Aplicación de la ficha para la taxonomía de las técnicas del humor verbal – ejemplo 2

I. PARÁMETROS CONCEPTUALES (TGHV, Attardo y Raskin, 1991)
- SO (*Script Opposition*): Sentido Figurado (Cansancio) vs. Sentido Literal (Ubicación Espacial).
- SI (*Situation*): Un huésped llega a un hotel y manifiesta su agotamiento físico al conserje.
- TA (*Target*): El automatismo del lenguaje cotidiano.
- NS (*Narrative Strategy*): Diálogo dramático con remate basado en la aceptación del absurdo.

II. NIVEL LINGÜÍSTICO (TGHV: LA - *Language*)

A. Nivel Léxico
- Locuciones, modismos y expresiones idiomáticas: El núcleo del humor reside en la locución *no saber dónde se tienen los pies*. Tono toma esta expresión, que habitualmente funciona como una hipérbole para indicar un cansancio extremo.
- Repeticiones léxicas: Se repite el sustantivo *pies*.

B. Nivel Sintáctico
- Cosificación: La respuesta del Conserje opera una cosificación de los pies de Alberto, tratándolos como objetos perdidos que deben ser localizados espacialmente.

C. Nivel Pragmático (TGHV: LM – *Logical Mechanism*)
- Transgresión del principio de relevancia (Sperber y Wilson, 1986): Alberto emite un enunciado que requiere una inferencia: *estoy agotado*. El Conserje, sin embargo, ignora esta implicatura y procesa el enunciado bajo su literalidad más estricta, haciendo que la información sea irrelevante para el propósito de la conversación, pero altamente humorística. El motor del humor es el tratamiento de una unidad de sentido figurado como si fuera una descripción técnica y real.
- Transgresión del principio de cooperación (Grice, 1975):
  - Máxima de relación: El Conserje ofrece una respuesta que es técnicamente pertinente a las palabras de Alberto, pero totalmente impertinente al contexto (un conserje no necesita informar a alguien de dónde están sus pies).
  - Máxima de modo: Se viola la claridad al elegir la interpretación literal sobre la figurada.

En esta secuencia, el conserje pregunta a Alberto si está cansado y este último responde con una frase hecha invertida. Alberto sustituye la expresión común *no saber dónde tiene uno la cabeza* —utilizada para indicar un estado de confusión o distracción del sujeto— por «no sé dónde tengo los pies» (Tono, 1957a: 7);

así, la parte del cuerpo que constituye la locución original (la cabeza) es reemplazada por su opuesto anatómico: los pies.[43]

Si bien la inversión ya resulta humorística de por sí, la novedad del humor de Tono reside en la ingeniosa desemantización de la frase hecha. Esta se logra contraviniendo el principio pragmático de relevancia: frente al modismo, Tono anula el valor inferencial de la expresión y hace que el conserje se decante por su valor menos pertinente, es decir, el literal, al sostener que los pies se encuentran exactamente dónde deben estar: en el suelo.

En este juego de constantes subversiones, Alberto coopera con su coenunciador al aceptar la clave de lectura que este último ha otorgado a la frase, confirmando que, en efecto, la situación podría ser tal como él sostiene. De este modo, se genera un humor absurdo: frente a una premisa ilógica —la del conserje, que interpreta de forma literal la ubicación física de los pies en lugar de atender al significado pragmático y relevante de la expresión—, la secuencia prosigue humorísticamente con la respuesta: «Sí, es posible» (Tono, 1957a: 7).

La relativización mediante el adjetivo *posible* resulta absurda en este contexto. Si se opta por la interpretación literal del conserje (es decir, que los pies se encuentran efectivamente en el suelo), se observa que, en un sistema racional, la mera posibilidad no tiene cabida: el sujeto sabe con certeza absoluta si sus pies tocan tierra o no. Por lo tanto, el enunciado «es posible» se revela como una respuesta ilógica en este marco comunicativo, encajando perfectamente con la estética del *Humor Nuevo* propia de la *Otra generación del 27*.

Un ejemplo adicional, extraído de las piezas de Tono, en el que la violación del principio de relevancia da lugar a un humor original es el que se produce

---

[43] Cabe señalar que en el *Diccionario fraseológico del español actual* (Seco, 2017) se recoge la expresión «saber [alguien] dónde pone los pies» —empleada coloquialmente y, con frecuencia, en construcciones negativas—, la cual indica el hecho de no estar seguro de lo que se hace o de las consecuencias de las propias acciones. Por consiguiente, la expresión «no sé dónde tengo los pies» utilizada por Tono remite también, por analogía, al modismo *no saber dónde pone uno los pies*, mediante una sustitución léxica del verbo *poner* por *tener*. No obstante, resulta plausible sostener que la inversión paródica parte primordialmente de la expresión analizada anteriormente (*no saber dónde tiene uno la cabeza*), dado que su significado inferencial (el aturdimiento o la fatiga extrema) resulta mucho más afín al contexto enunciativo.

en este intercambio de réplicas entre Evaristo —mayordomo en la comedia *¡Qué «bollo» es vivir!* (1950)— y el Doctor:

> DOCTOR. ¿Y cómo está hoy la señora?
>
> EVARISTO. ¿Cómo quiere usted que esté?
>
> DOCTOR. Yo quiero que esté mejor. (Tono, 1952: 98)

Tabla 4. Aplicación de la ficha para la taxonomía de las técnicas del humor verbal - ejemplo 3

I. PARÁMETROS CONCEPTUALES (TGHV, Attardo y Raskin, 1991)
- SO (*Script Opposition*): Realidad Médica (Objetiva) vs. Voluntad/Deseo (Subjetiva).
- SI (*Situation*): Una visita médica donde el doctor pregunta por la evolución de una paciente a un familiar.
- TA (*Target*): Nulo.
- NS (*Narrative Strategy*): Diálogo dramático.

II. NIVEL LINGÜÍSTICO (TGHV: LA - *Language*)

A. Nivel Léxico
- Repeticiones léxicas: Se observa la repetición de los verbos *estar* y *querer.* El humor surge del cambio de matiz semántico de *querer.* Evaristo lo usa en una estructura gramaticalizada (reproche), mientras que el Doctor lo recupera en su sentido pleno de *deseo* o *voluntad personal.*

B. Nivel Sintáctico
- Literalización de una estructura retórica: El humor nace de la respuesta del Doctor a una pregunta que, sintácticamente, funciona como una contra-pregunta retórica. El Doctor rompe la jerarquía esperada del diálogo al tratar la frase de Evaristo como una consulta real sobre sus preferencias personales.

C. Nivel Pragmático (TGHV: LM - *Logical Mechanism*)
- Transgresión del principio de relevancia (Sperber y Wilson, 1986): Evaristo formula una pregunta cuya respuesta implícita es «está igual de mal que siempre». El Doctor no procesa esta inferencia (el contexto de queja) y crea un nuevo marco de relevancia basado en su deseo profesional.
- Transgresión del principio de cooperación (Grice, 1975):
  - Máxima de relación: El Doctor ofrece una respuesta que es técnicamente pertinente a las palabras de Evaristo, pero totalmente irrelevante para la situación comunicativa (un médico no debe basar el estado de salud del paciente en su voluntad).

La protagonista, Aurora, padece un trastorno bipolar y, con motivo de una visita médica, el Doctor pregunta a Evaristo por su estado. El hombre responde con una interrogativa retórica («¿Cómo quiere usted que esté?»), cuyo significado inferencialmente más relevante alude a una situación delicada que no presenta mejoría; sin embargo, el Doctor opta por una interpretación literal del enunciado, centrando el foco en el verbo volitivo y expresando, en consecuencia, su deseo personal de que Aurora mejore.
Frente al estímulo ostensivo de Evaristo, que subraya el estatus problemático en el que se encuentra la paciente apelando al conocimiento previo del médico —quien sabe que Aurora no está bien—, el Doctor no respeta el principio de relevancia al no interpretar el enunciado según la inferencia más inmediata y compartida.

El humor, por tanto, nace verbalmente de la afirmación del médico, que genera un contraste entre la interpretación que este otorga al enunciado de Evaristo y la que, por el contrario, realiza el lector/espectador, quien se decanta inicialmente por el significado más pertinente en sintonía con el principio de relevancia.

En consonancia con los casos examinados anteriormente, el humor de Tono subvierte también otro principio pragmático, el de cooperación de Grice (1975), el cual se basa en el análisis de los mecanismos que regulan los intercambios comunicativos.

La comunicación no está constituida por una sucesión de enunciados inconexos; por el contrario, estos reflejan el esfuerzo cooperativo de los protagonistas del intercambio comunicativo. Cada participante intenta realizar una contribución a la conversación que sea coherente y funcional, respetando cuatro normas básicas: la máxima de cantidad, de calidad, de relación y de modo.

La máxima de cantidad se refiere al volumen de información transmitida mediante el enunciado: el hablante debe proporcionar una contribución lo suficientemente informativa sobre el tema de la conversación, pero sin ser más informativo de lo necesario. La máxima de calidad puede denominarse también de sinceridad, puesto que hace referencia a la veracidad del enunciado: no se debe decir nada que se considere falso. La máxima de relación indica que las intervenciones deben estar relacionadas con el tema que se discute; deben ser, por tanto, pertinentes. Finalmente, la máxima de modo —como sugiere el término— hace referencia a la manera en que se comunica: los participantes en el intercambio verbal deben expresarse con claridad, evitando ambigüedad y oscuridad en la expresión.

La característica fundamental del principio de cooperación es su inviolabilidad, por lo cual se supone que los hablantes respetan tales normas. Sin embargo, si durante el intercambio comunicativo las máximas no llegan a cumplirse, se recurre al proceso denominado *implicatura*, el cual garantiza que el principio de cooperación siga siendo vigente. En particular, si el enunciador viola una o más máximas, es porque desea dotar a la frase de efectos expresivos diversos respecto a lo que comunica de forma literal.

Más específicamente, Grice (1975) distingue las implicaturas convencionales,[44] las cuales derivan del significado intrínseco de las palabras y no de factores contextuales, de las implicaturas conversacionales[45] que, por el contrario, dependen de factores pragmáticos como el contexto, la situación y el *hic et nunc* de la enunciación.

En el caso que se acaba de mencionar, el Doctor viola la máxima de relación, ya que ofrece una respuesta que es técnicamente pertinente a las palabras de Evaristo, pero no a la inferencia más accesible según el contexto enunciativo. Al responder «Yo quiero que esté mejor», el Doctor ignora deliberadamente el contexto situacional y la queja implícita de su coenunciador, procesando su frase como si fuera una pregunta abierta y honesta.

En las comedias de Tono se advierte una violación sistemática de las máximas que da origen al humor verbal, como sucede en el siguiente fragmento

---

44 El ejemplo propuesto por Grice (1975: 44) para describir las implicaturas convencionales es el siguiente: «*He is an Englishman; he is, therefore, brave*» («Es inglés; es, por tanto, valiente»). Mediante la presencia de la conjunción conclusiva *therefore* (por tanto, por consiguiente), se desprende de este enunciado que la valentía es una consecuencia de poseer la nacionalidad inglesa. Este nexo causal no se ha dicho directamente, sino que se ha indicado o, más precisamente, implicado.

45 Estas implicaturas se dividen, a su vez, en implicaturas generalizadas, cuando no dependen directamente del contexto, y particularizadas, en el caso contrario. Grice (1975: 56) propone el siguiente ejemplo: «*X is meeting a woman this evening*» («X tiene una cita con una mujer esta noche»). Independientemente del contexto de esta proposición, se entenderá siempre que la mujer no es ni la esposa, ni la madre, ni la hija, ni la hermana del sujeto de la oración; por lo tanto, este es un ejemplo de implicatura generalizada. La identidad de X, por el contrario, dependerá estrictamente del contexto, tratándose, por tanto, de una implicatura particularizada.

de *Guillermo Hotel* (1945). En él, la protagonista, Elena, habla por teléfono con Ludovico, su prometido:

> ELENA. [...] ¿Eres tú?... Estabas esperando... Acabo de llegar en este momento. No, he venido sola. Papá y mamá no han querido seguir el viaje... ¿Por qué una locura?... No es la primera vez que voy por carretera de noche... ¡No digas tonterías!... ¡No digas tonterías!... ¡Qué no digas tonterías!... No, ya es muy tarde y estoy muy cansada. Voy a tomar un baño y a meterme en la cama... ¡No seas impaciente! Dentro de unos días seré tu mujer y tendrás tiempo de decirme todo lo que quieras. ¿Qué no tendrás tiempo?... ¡No digas tonterías!... Mucho... Mucho... Mucho, mucho... Bueno, te dejo, porque se debe estar saliendo el agua del baño. Sí, llámame. Habitación 421... Es muy fácil retener el número. Acuérdate del día siguiente en que nos conocimos... Eso es... Fue el tres. Pues no tienes más que acordarte del cuatro y después del 21, que es último día del mes, menos diez... ¿Cómo? Sí, ya sé que hay meses que no tienen más que treinta días, pero no te acuerdes de ellos. Puedes acordarte también del número de la casa en que vive tu tía Enriqueta, que creo es el cuatro, le añades después un dos, que es el día del cumpleaños del tío Vicente, y después el uno, o sea, el primer número que hay antes del dos... Sí, hombre, sí. Con eso que te digo y apuntándolo en un papel, puede que no se te olvide... Claro que te quiero... ¿Que no ves la hora de casarte conmigo? Creo que es a las once... Bueno, bueno, hasta mañana... Adiós, Ludovico. (Tono, 1957a: 6-7)

En primer lugar, cabe destacar en este ejemplo la emancipación de la protagonista, que contrasta implícitamente con el tópico de que es peligroso para una mujer conducir sola de noche. Al subrayar que «no es la primera vez que voy por carretera de noche», Elena reivindica su autonomía, un aspecto sorprendente si se considera que la obra se estrenó en 1945, durante la fase más rígida del régimen franquista.

En cuanto a la violación de las normas conversacionales de Grice, se produce una flagrante transgresión de la máxima de cantidad. Para que su prometido recuerde el número de su habitación (la 421), Elena recurre a una serie de referencias excesivas y cálculos innecesarios. Resulta evidente que recordar el número mediante este sistema es mucho más complejo —si no imposible— que memorizar la cifra directa. El humor surge del contraste entre la afirmación de Elena sobre la sencillez de su método («Es muy fácil retener el número») y la absurda dificultad de las instrucciones que proporciona.

Asimismo, se observa una violación de la máxima de modo, ya que la explicación de Elena es deliberadamente poco clara, y de relación, porque en el remate final, el enunciado «Creo que es a las once» no es pertinente con la expresión figurada «¿Que no ves la hora de casarte conmigo?». Este último caso subvierte

Tabla 5. Aplicación de la ficha para la taxonomía de las técnicas del humor verbal – ejemplo 4

I. PARÁMETROS CONCEPTUALES (TGHV, Attardo y Raskin, 1991)
- SO (*Script Opposition*): Simplicidad (cifra 421) vs. Complejidad (Algoritmo nemotécnico) + Sentimiento (Impaciencia amorosa) vs. Cronometría (Horario de la boda).
- SI (*Situation*): Una conversación telefónica nocturna entre dos prometidos. Elena está en su habitación de hotel tras un viaje.
- TA (*Target*): La retórica del amor romántico.
- NS (*Narrative Strategy*): Monólogo dramático (conversación telefónica de un solo lado), que permite al espectador reconstruir los enunciados de Ludovico a partir de las reacciones de Elena.

II. NIVEL LINGÜÍSTICO (TGHV: LA - *Language*)

A. Nivel Léxico
- Locuciones, modismos y expresiones idiomáticas: El clímax humorístico final se apoya en la locución *no ver la hora*. Tono toma este modismo (que denota impaciencia) y lo vacía de su sentido figurado.
- Repeticiones léxicas: La repetición de «no digas tonterías» y «mucho» a lo largo del monólogo enfatiza la vacuidad del discurso amoroso convencional.

B. Nivel Sintáctico
- Proposiciones en las que la lógica conlleva a un resultado absurdo: Elena construye una serie de instrucciones para recordar el número 421 que son sintácticamente lógicas, pero funcionalmente inútiles.
- Definición por acumulación: El humor surge de la estructura acumulativa de datos irrelevantes (el cumpleaños del tío Vicente, la casa de la tía Enriqueta) para definir una cifra de tres dígitos.

C. Nivel Pragmático (TGHV: LM – *Logical Mechanism*)
- Transgresión del principio de relevancia (Sperber y Wilson, 1986): Elena no capta la inferencia más relevante del enunciado de Ludovico que se desprende del contexto (que no ve la hora de casarse con ella) y opta por su valor menos relevante: el literal.
- Transgresión del principio de cooperación (Grice, 1975):
  - Máxima de cantidad: Elena proporciona una sobreinformación masiva.
  - Máxima de modo: La explicación es deliberadamente oscura y laberíntica. En lugar de ser clara y breve, obliga al interlocutor a realizar cálculos innecesarios.
  - Máxima de relación (Relevancia): En el remate final, Elena rompe la relación comunicativa. Ludovico inferencialmente expresa un sentimiento («No veo la hora...»), y ella responde con un dato técnico de agenda («Creo que es a las once»). Ignora la función expresiva del lenguaje para centrarse en la función referencial-horaria.

también el principio de relevancia: ante la expresión *no ver la hora de hacer algo*, que denota el deseo impaciente de realizar una acción, Elena responde de forma literal indicando la hora prevista de la ceremonia e ignora la intención comunicativa de Ludovico, decantándose por el sentido denotativo de la locución que, en este contexto enunciativo, es el menos relevante.

El siguiente caso se extrae nuevamente de *Francisca Alegre y Olé* (1949); con motivo de la boda de Paquita y Bernardino, los invitados comentan los regalos ofrecidos a los novios:

> CRISTINA. (*A CHON.*) ¿Qué le has regalado tú a Paquita?
>
> CHON. Un juego de té para doce personas.
>
> CRISTINA. Yo le he regalado unas pinzas de hielo para doscientas.
>
> POLITA. ¡Mujer, no exageres!
>
> CRISTINA. No exagero. Es lo que me dijo el dependiente. Es un regalo práctico. A mí me gusta hacer regalos prácticos. Estas pinzas le durarán siempre, y el día de mañana, pueden servir para sus hijos.
>
> CHON. ¿Y si no tienen hijos?
>
> CRISTINA. Entonces pueden servir para sus nietos.
>
> POLITA. ¡Qué cosas dices! ¿Cómo van a tener nietos si no tienen hijos?
>
> CRISTINA. ¿Qué tiene que ver una cosa con otra? También hay gente que no tiene padres y tiene abuelos.
>
> CHON. Tiene razón Cristi. Yo he conocido a un tío que no tenía sobrinos. (Tono, 1952: 17).

La incongruencia humorística inicial se articula a través de una asimetría lógica entre el objeto y su cuantificador. Mientras el regalo de Chon (un juego de té «para doce personas») se rige por una lógica metonímica funcional —el número de piezas determina el número de usuarios—, Cristina opera una desautomatización del sintagma circunstancial al aplicarlo a unas pinzas de hielo. En este caso, la relación entre el objeto y el número de personas no es física, sino temporal, lo que permite una relativización *ad infinitum*: las pinzas no se limitan por persona, sino por su hipotética resistencia al uso.

Desde el punto de vista pragmático, Cristina incurre en una transgresión de la máxima de modo. Su enunciado es intrínsecamente oscuro y ambiguo, ya que el vínculo entre el utensilio (las pinzas) y el colectivo (doscientas personas)

Tabla 6. Aplicación de la ficha para la taxonomía de las técnicas del humor verbal – ejemplo 5

I. PARÁMETROS CONCEPTUALES (TGHV, Attardo y Raskin, 1991)
- SO (*Script Opposition*): Normalidad (Servicio para 12 personas) vs. Anormalidad/ Hipérbole (Servicio para 200 personas) + Causalidad Biológica (Padres → Hijos) vs. Independencia Lógica (Abuelos → Nietos sin hijos).
- SI (*Situation*): Una reunión entre amigas (Cristina, Chon, Polita) comparando regalos de boda y discutiendo su utilidad futura.
- TA (*Target*): Nulo.
- NS (*Narrative Strategy*): Diálogo dramático.

II. NIVEL LINGÜÍSTICO (TGHV: LA - *Language*)

A. Nivel Léxico
- Repeticiones léxicas: La recurrencia de los términos de parentesco (hijos, nietos, padres, abuelos) crea una falsa sensación de estructura lógica que, sin embargo, está vacía de contenido coherente.

B. Nivel Sintáctico
- Hipérbole: La descripción de unas «pinzas de hielo para doscientas [personas]» inicia el intercambio con una desproporción física absurda.
- Proposiciones con resultado absurdo: Cristina plantea la existencia de «nietos» como una alternativa a la falta de «hijos». Sintácticamente, la frase sigue una estructura condicional lógica (*Si A no ocurre, entonces B*), pero el contenido vulnera la ley de causalidad biológica.
- Paralogismo: Falsa analogía en el enunciado de Cristina (como hay personas que no tienen padres y tienen abuelos, hay también personas que no tienen hijos, pero tienen nietos).

C. Nivel Pragmático (TGHV: LM – *Logical Mechanism*)
- Transgresión del principio de cooperación (Grice, 1975):
    - Máxima de modo: El diálogo es deliberadamente confuso. Hay una falsa relativización, donde las pinzas de hielo no son solamente para doscientas personas, sino que se pueden utilizar hasta su ruptura.
    - Máxima de calidad: Cristina sostiene una premisa falsa (que se puede tener nietos sin haber tenido hijos) como si fuera un hecho posible. Se asume que si la cadena de parentesco puede ser incompleta *hacia atrás* (huérfanos), también puede serlo *hacia adelante* (nietos sin hijos).

carece de un marco de referencia claro en la vida cotidiana. El humor surge al tratar un objeto unitario e indivisible como si fuera un conjunto de piezas destinadas a un número específico de personas.

Asimismo, Tono refuerza la cohesión de este juego paródico mediante un doble vínculo entre los numerales «doce» y «doscientas»: en el nivel fonético se produce una aliteración de los fonemas iniciales que genera un eco sonoro que facilita el paso de una cifra a otra, haciendo que la exageración parezca, en un primer momento, natural; en el nivel semántico se establece un contraste hiperbólico, donde, por un lado, un servicio para doce comensales se inscribe en la normatividad de las convenciones sociales, mientras que, por otro, la atribución de unas pinzas de hielo para doscientas personas desplaza el objeto hacia una cantidad exagerada.

La segunda incongruencia de la secuencia nace del contraste generado entre los pares nominales padres-hijos, abuelos-nietos y tíos-sobrinos. Cristina sostiene que las pinzas durarán para siempre y que podrán servir para los hijos de los recién casados. Ante esto, Chon plantea la posibilidad de que tal eventualidad no se verifique mediante la interrogativa «¿y si no tienen hijos?», momento en el que se produce la violación de la máxima de calidad: Cristina afirma que, en tal caso, las pinzas servirán para los nietos. Se presenta, así, un enunciado falso, ya que sin la *conditio sine qua non* de la relación padres-hijos, no es posible que exista la de abuelos-nietos.

El sentido de la lógica se ve subvertido en favor de un humor del absurdo basado en una inversión total. Frente a la verticalidad descendente lógica establecida entre abuelos-padres-hijos/nietos, Tono justifica la afirmación de Cristina oponiendo una verticalidad ascendente: puesto que existen personas que no tienen padres (ya sea por orfandad o ausencia) pero sí tienen abuelos, entonces podrían existir —en este universo disparatado— abuelos que, sin haber tenido hijos, tengan nietos.

Este paralogismo se ve reforzado por el enunciado final de Chon, quien, jugando con la ambigüedad causada por la polisemia de la palabra *tío*, da la razón a Cristina al asegurar que conoció a un «tío» (entendido aquí coloquialmente también como *sujeto* o *tipo*) que no tenía sobrinos. Nos hallamos ante un exponente de humor disparatado, donde la verosimilitud carece de importancia frente al contraste que sorprende al lector/espectador y provoca la risa.

Siempre en la misma comedia, *Francisca Alegre y Olé* (1949), se presenta otro caso ilustrativo de este tipo de humor:

> PAQUITA. Pues si está usted tan enamorado de mí, ¿por qué no habla con mi padre?
>
> OLEGARIO. Porque yo no estoy enamorado de su padre. (Tono, 1960: 54)

Tabla 7. Aplicación de la ficha para la taxonomía de las técnicas del humor verbal – ejemplo 6

I. PARÁMETROS CONCEPTUALES (TGHV, Attardo y Raskin, 1991)
- SO (*Script Opposition*): Protocolo Social (Pedir la mano al padre de la esposa) vs. Interpretación literal.
- SI (*Situation*): Una escena de cortejo tradicional donde la mujer exige al pretendiente que cumpla con el trámite social de hablar con su padre.
- TA (*Target*): Convenciones sociales.
- NS (*Narrative Strategy*): Diálogo dramático de réplica corta.

II. NIVEL LINGÜÍSTICO (TGHV: LA - *Language*)

A. Nivel Léxico
- Repeticiones léxicas: Se repite el sintagma verbal *estar enamorado* y el sustantivo *padre*.
- Vaciado de la fórmula social: Tono toma una expresión que funciona como un bloque cultural (el rito de hablar con el padre de la novia para pedir la mano) y la despoja de su significado para tratarla como una simple acción física y voluntaria.

B. Nivel Sintáctico
- Proposiciones en las que la lógica conlleva a un resultado absurdo: Se utiliza una estructura causal («Porque yo no estoy enamorado…») para justificar la inacción. Olegario establece una premisa lógica interna: *Solo se habla con las personas de las que uno está enamorado.* Al aplicar esta lógica al padre de la novia, el resultado es el bloqueo de la acción (no hablar).

C. Nivel Pragmático (TGHV: LM – *Logical Mechanism*)
- Transgresión del principio de relevancia (Sperber y Wilson, 1986): Paquita apela a un conocimiento enciclopédico compartido (el protocolo de boda de la época). Olegario, sin embargo, procesa el enunciado fuera de ese marco, haciendo que su respuesta sea irrelevante para el objetivo de Paquita, pero perfectamente coherente con su interpretación literal.
- Transgresión del principio de cooperación (Grice, 1975):
  - Máxima de relación: La respuesta de Olegario es impertinente respecto al propósito del diálogo (el matrimonio). Él responde a las palabras de Paquita, no a su intención comunicativa.

En este caso emblemático, Paquita interroga a Olegario sobre el motivo por el cual este no se ha dirigido todavía a su padre. Con esta pregunta, Paquita alude a la convención social de la época, según la cual el pretendiente debía solicitar formalmente al padre de la novia el consentimiento para contraer

matrimonio. Tono, mediante una subversión del lugar común, hace que Olegario ignore la carga pragmática del enunciado para centrarse exclusivamente en su valor denotativo.
Al responder que no habla con el padre porque no está enamorado de él, el personaje opera una transgresión del principio de relevancia, priorizando la interpretación literal frente a la inferencia socialmente esperada.

Asimismo, la réplica de Olegario constituye una infracción de la máxima de relación, puesto que su contribución resulta impertinente respecto a la intención comunicativa de Paquita (la formalización del compromiso matrimonial).

El humor surge, precisamente, de este choque entre la rigidez del protocolo y la libertad de una lógica puramente lingüística, manteniendo siempre el ingenio y el carácter lúdico.

En el diálogo siguiente, extraído de *RebecO* (1944), Tono utiliza la repetición fraseológica para evidenciar la vacuidad de la comunicación:

> MAYORDOMO. He oído decir que trabaja usted en el cine.
>
> ARMANDO. Sí, algo así.
>
> MAYORDOMO. Debe ser bonito eso de trabajar en el cine.
>
> ARMANDO. Sí, debe ser bonito.
>
> MAYORDOMO. ¡Cómo! ¿El señor no lo sabe? (Tono, 1944: I, 3)

En esta secuencia, el Mayordomo entabla una conversación con Armando aludiendo a su empleo en la industria del cine. Tras una respuesta inicial evasiva por parte del protagonista, el Mayordomo insiste señalando que debe ser bonito trabajar en dicho campo. Armando, en lugar de validar la afirmación desde su experiencia directa, desatiende las expectativas discursivas y transgrede la máxima de modo (al emplear una expresión ambigua) y la máxima de calidad, al responder que, efectivamente, «debe ser bonito». Al utilizar una estructura de probabilidad para referirse a su vida, Armando se sitúa como un observador externo de su realidad. La sorpresa final del Mayordomo («¿El señor no lo sabe?») subraya este absurdo y genera hilaridad.

A nivel sintáctico —es decir, en aquellos casos donde el humor no depende de un término aislado, sino de la configuración de la oración completa—, Tono presenta una notable heterogeneidad. Sin embargo, los datos revelan una

Tabla 8. Aplicación de la ficha para la taxonomía de las técnicas del humor verbal – ejemplo 7

I. PARÁMETROS CONCEPTUALES (TGHV, Attardo y Raskin, 1991)
- SO (*Script Opposition*): Sujeto que sabe vs. Sujeto que supone.
- SI (*Situation*): Un mayordomo intenta entablar una conversación cortés con un invitado (Armando) sobre su profesión en el mundo del cine.
- TA (*Target*): Nulo.
- NS (*Narrative Strategy*): Diálogo dramático.

II. NIVEL LINGÜÍSTICO (TGHV: LA - *Language*)

A. Nivel Sintáctico
- Repetición fraseológica: Armando calca la estructura sintáctica de su interlocutor («debe ser bonito»).

B. Nivel Pragmático (TGHV: LM – *Logical Mechanism*)
- Transgresión del principio de cooperación (Grice, 1975):
  - Máxima de modo: Armando no se expresa con claridad al emplear la estructura de probabilidad *debe ser.*
  - Máxima de calidad: Armando responde como si él mismo no supiera cómo es su trabajo.

recurrencia estratégica en el uso de la paradoja, de la enumeración, de la repetición fraseológica y de la figura etimológica.

A continuación, se presenta la distribución de estas estrategias en el corpus analizado:

El análisis cuantitativo revela una hegemonía de la paradoja en obras como *RebecO* (1944) (21,8 %) y *Crimen pluscuamperfecto* (1956) (21,6 %) que tiende a desplazarse hacia la enumeración acumulativa en piezas como *Algo flota sobre Pepe* (1949) (23,6 %) y *La verdad desnudita* (1955) (28,8 %). Por su parte, la repetición fraseológica se mantiene como una constante identitaria —con un máximo del 23,2 % en *Romeo y Julieta Martínez* (1946)—. En contraste, la figura etimológica mantiene una presencia residual (en torno al 5 %) en títulos como *Algo flota sobre Pepe* (1949) (5,6 %) o *Tiíta Rufa* (1950) (5 %), llegando a desaparecer por completo en la etapa final de su producción dramática en el corpus seleccionado.

La paradoja o las afirmaciones ilógicas/absurdas permiten que el enunciador exprese frases contrarias a la verosimilitud, resultando hilarantes al ser introducidas frecuentemente en un contexto enunciativo absurdamente lógico, como en el caso siguiente extraído de *Crimen pluscuamperfecto* (1956):

Tabla 9. Distribución del humor de naturaleza sintáctica en el corpus

Obra (año)	Casos humorísticos totales	Casos humorísticos identificados en el nivel sintáctico	Paradoja	Enumeración	Repetición fraseológica	Figura etimológica
RebecO (1944)	249	87	21,8 %	17,3 %	17,3 %	8 %
Guillermo Hotel (1945)	277	96	18,8 %	13,6 %	16,7 %	4,2 %
Romeo y Julieta Martínez (1946)	236	95	10,5 %	16,8 %	23,2 %	3,2 %
Algo flota sobre Pepe (1949)	251	89	9 %	23,6 %	14,6 %	5,6 %
Francisca Alegre y Olé (1949)	310	102	10,8 %	19,6 %	11,8 %	4,9 %
¡Qué «bollo» es vivir! (1950)	244	78	0 %	24,3 %	9 %	3 %
Tiíta Rufa (1950)	233	85	13 %	16,5 %	18 %	5 %
La verdad desnudita (1955)	178	52	7,7 %	28,8 %	15,4 %	0 %
Crimen pluscuamperfecto (1956)	156	37	21,6 %	10,8 %	10,8 %	0 %

CARLOS. Yo no le doy importancia al dinero...

INSPECTOR. ¡Dichoso usted! Yo, en cambio, le doy bastante. Hay gentes que dicen que lo que vale en la vida es la salud, pero pruebe usted a pedirles dinero... (*Después de una pequeña pausa, el* INSPECTOR *pregunta de pronto.*) ¿Conocen ustedes Alicante?

CARLOS. (*Desconcertado.*) No comprendo la pregunta...

INSPECTOR. No sé... Se me ha ocurrido así, de pronto...

CARLOS. Pues, no lo conozco. Me lo han recomendado mucho unos amigos que tampoco lo conocen... Pensaba ir en estos días.

Tabla 10. Aplicación de la ficha para la taxonomía de las técnicas del humor verbal – ejemplo 8

I. PARÁMETROS CONCEPTUALES (TGHV, Attardo y Raskin, 1991)
- SO (*Script Opposition*): Competencia (Saber) vs. Incompetencia (Recomendar sin conocer).
- SI (*Situation*): Un interrogatorio en el que el Inspector rompe la progresión temática con digresiones personales.
- TA (*Target*): Nulo.
- NS (*Narrative Strategy*): Diálogo dramático.

II. NIVEL LINGÜÍSTICO (TGHV: LA - *Language*)

A. Nivel Sintáctico
- Paradoja y afirmaciones ilógicas: Carlos emite una frase contraria a la verosimilitud: «Me lo han recomendado mucho unos amigos que tampoco lo conocen». El contenido anula la lógica de la recomendación.
- Repetición fraseológica: El Inspector repite el final de la frase de Carlos («Pensaba en ir estos días...»).

B. Nivel Pragmático (TGHV: LM – *Logical Mechanism*)
- Transgresión del principio de relevancia (Sperber y Wilson, 1986): El Inspector introduce el tema de Alicante sin vínculo previo. Él mismo admite la falta de relevancia de su estímulo («Se me ha ocurrido así, de pronto»), obligando a Carlos a un sobreesfuerzo interpretativo ante una pregunta que no tiene valor para la investigación.
- Transgresión del principio de cooperación (Grice, 1975):
  - Máxima de relación: El Inspector rompe el hilo conductor del interrogatorio con digresiones impertinentes sobre la salud y el dinero.
  - Máxima de modo: El remate final («Porque me lo acaba usted de decir») es una transgresión por exceso de obviedad. Carlos espera una explicación sobre el conocimiento del policía, pero el Inspector responde con una verdad tan básica que resulta opaca.

INSPECTOR. Pensaba en ir estos días...

CARLOS. ¿Cómo lo sabe usted?

INSPECTOR. Porque me lo acaba usted de decir. (Tono, 1956: 40)

Como se ha podido constatar, en este fragmento el humor se desplaza de la paradoja biográfica (los amigos que no conocen Alicante) a la paradoja de la identidad (Carlos se sorprende de que el otro sepa lo que él mismo ha dicho). Más en detalle, el humor surge de la fractura de las condiciones de verdad inherentes al acto de habla de *recomendar*. Carlos sostiene no conocer Alicante, pero afirma que se la han recomendado unos amigos que, paradójicamente, tampoco la han visitado nunca.

La oposición con la lógica común (SO) reside en la anulación del requisito de la experiencia previa: generalmente, el acto cooperativo de recomendar un lugar presupone el conocimiento directo del mismo. Al omitirse esta condición necesaria, Tono genera una paradoja biográfica que sorprende al lector/espectador y genera hilaridad.[46]

La enumeración en Tono funciona como un mecanismo de caos ordenado. A diferencia de la enumeración tradicional, que busca organizar la realidad, la de Tono la desintegra, como hace Don Vicente en este diálogo con Doña Josefina y Julieta en *Romeo y Julieta Martínez* (1946):

DOÑA JOSEFINA. Pero Romeo no existe.

JULIETA. ¿Y qué? ¿Existen los demás?

DON VICENTE. ¡Calla! ¡Calla! ¡Qué horror! ¡Qué espanto! ¡Qué...!

DOÑA JOSEFINA. ¿Qué?

DON VICENTE. Ya no me acuerdo lo que iba a decir, pero era una exclamación tremenda. (Tono, 1960: 31)

---

[46] Al haber comentado ya ampliamente el funcionamiento del humor a través de la transgresión de los principios de relevancia y cooperación en este capítulo, se procederá ahora a profundizar exclusivamente en el examen de los mecanismos sintácticos y léxicos más recurrentes dentro del corpus, aplicando de forma directa la ficha taxonómica integrada con la TGHV a los casos más representativos del corpus.

Tabla 11. Aplicación de la ficha para la taxonomía de las técnicas del humor verbal – ejemplo 9

I. PARÁMETROS CONCEPTUALES (TGHV, Attardo y Raskin, 1991)
- SO (*Script Opposition*): Trascendencia (Melodrama) vs. Trivialidad (Olvido).
- SI (*Situation*): Una discusión donde se cuestiona la existencia de Romeo.
- TA (*Target*): Nulo.
- NS (*Narrative Strategy*): Diálogo dramático.

II. NIVEL LINGÜÍSTICO (TGHV: LA - *Language*)

A. Nivel Léxico
- Repeticiones léxicas: Se observa la repetición imperativa «¡Calla! ¡Calla!», que funciona como un prefacio rítmico para la acumulación posterior.

B. Nivel Sintáctico
- Enumeración: Don Vicente despliega una serie coordinada de sintagmas exclamativos por asíndeton («¡Qué horror! ¡Qué espanto! ¡Qué...!»). La enumeración busca elevar el tono emocional de la escena, pero su efectividad se anula al quedar truncada.
- Hipérbole: La calificación de la frase olvidada como una «exclamación tremenda» crea una desproporción entre la supuesta importancia del mensaje y la incapacidad real de recordarlo.

C. Nivel Pragmático (TGHV: LM – *Logical Mechanism*)
- Transgresión del principio de relevancia (Sperber y Wilson, 1986): Don Vicente inicia un estímulo ostensivo muy fuerte (las exclamaciones) que genera una alta expectativa de relevancia en Doña Josefina. Sin embargo, al olvidar el final, el beneficio informativo es nulo, obligando al interlocutor a procesar una estructura vacía.
- Transgresión del principio de cooperación (Grice, 1975):
  - Máxima de cantidad: Don Vicente deja el enunciado incompleto, proporcionando menos información de la requerida para cerrar la serie exclamativa.
  - Máxima de modo: Al no recordar lo que iba a decir, rompe la claridad y la brevedad, sustituyendo el mensaje por un metadiscurso sobre su desmemoria.

El recurso tradicional se utiliza en función de una nueva comicidad; en esta secuencia, Don Vicente, asustado por la presencia del fantasma de Romeo, pronuncia una serie de exclamaciones introducidas por el adjetivo exclamativo *qué*, sin terminar la última frase. Josefina le pregunta qué quería decir con el enunciado incompleto y el personaje responde sosteniendo que no lo recuerda, pero que se trataba seguramente de una «exclamación tremenda». No es la enumeración en sí misma lo que suscita la hilaridad, sino que el recurso constituye la base sobre la cual crear un enunciado inesperado y cómico.

En el teatro de Tono, la repetición fraseológica es, ciertamente, una estrategia retórica tradicional en la creación del humor, si bien el humorista la utiliza a menudo en función de una comicidad de naturaleza intelectual, como en el siguiente caso emblemático extraído en *Algo flota sobre Pepe* (1949):

> LEÓN. [...] Hay que sacrificarse por los amigos. ¡Quién sabe si el día de mañana no les tengo que sacar a ustedes de un apuro parecido!
>
> ABRECOCHES. A mí no es posible, porque soy soltero...
>
> SERENO. ¡Ay, quien pudiera decir otro tanto!...
>
> LEÓN. No es tan difícil decir «otro tanto».
>
> SERENO. Quiero decir que quién estuviera soltero. (Tono, 1949: II, 9)[47]

Tabla 12. Aplicación de la ficha para la taxonomía de las técnicas del humor verbal – ejemplo 10

I. PARÁMETROS CONCEPTUALES (TGHV, Attardo y Raskin, 1991)
- SO (*Script Opposition*): Sentido Figurado de la expresión *otro tanto* (Deseo/Envidia) vs. Sentido Literal (Fonética/Habla).
- SI (*Situation*): León, que ha comprado el cabaré Pepe-Poga, pide al Abrecoches y al Sereno guardar el secreto con su mujer.
- TA (*Target*): Nulo.
- NS (*Narrative Strategy*): Diálogo dramático que utiliza la literalización de un modismo como mecanismo de ruptura.

II. NIVEL LINGÜÍSTICO (TGHV: LA - *Language*)

A. Nivel Léxico (Humor que surge a nivel de la palabra)
- Vaciado de la locución idiomática: Tono toma la expresión *decir otro tanto* y le quita su valor metafórico para devolverle su valor puramente gramatical: el acto físico de pronunciar dos palabras.

[47] Como por *RebecO* (1944), también en el caso de *Algo flota sobre Pepe* (1949) la única edición del texto disponible hasta la fecha se encuentra en la tesis doctoral de Giudicepietro (2023). Al tratarse de un trabajo inédito, tanto en este caso como en los sucesivos se cita el ejemplar mecanografiado de la obra custodiado en el Archivo General de la Administración (AGA) de Alcalá de Henares (España. Ministerio de Cultura, expediente 0104/49, caja 73/08864). El testimonio presenta una numeración correlativa que se reinicia en cada acto; por lo tanto, se indica en números romanos el acto y en números arábigos la página de referencia. El año, por su parte, hace referencia al estreno de la obra.

B. Nivel Sintáctico
  - Repetición fraseológica: La repetición de *decir otro tanto* en dos turnos consecutivos.
  - Proposiciones con resultado absurdo: León construye una afirmación lógica («No es tan difícil decir "otro tanto"») basada en una premisa falsa: que el Sereno se quejaba de una dificultad de pronunciación y no de una situación vital.

C. Nivel Pragmático (TGHV: LM - *Logical Mechanism*)
  - Transgresión del principio de relevancia (Sperber y Wilson, 1986): León ignora la implicatura más fuerte del Sereno (su infelicidad matrimonial). Opta por la interpretación menos relevante y más costosa para la fluidez del diálogo, obligando al Sereno a aclarar su intención («Quiero decir que...»).
  - Transgresión del principio de cooperación (Grice, 1975):
    - Máxima de relación (Relevancia): León responde de manera impertinente al contexto emocional. Su intervención no contribuye al intercambio de sentimientos, sino que bloquea la comunicación mediante un tecnicismo lingüístico.
    - Máxima de modo: Al interpretar literalmente una frase hecha, León crea una ambigüedad innecesaria (aunque técnicamente clara) que fuerza al coenunciador a reformular todo su enunciado.

Cabe señalar que, en este caso, la risa no surge de la mecanicidad de la reiteración de la expresión —recurso típico del humor de situación—, sino de la neutralización del valor inferencial en la exclamación del Sereno. Mediante el enunciado de León, quien sostiene que «no es difícil decir "otro tanto"», se produce una literalización absoluta que despoja a la locución de su función expresiva. Este ejemplo evidencia con claridad cómo el humor de Tono, aunque cristaliza en el nivel pragmático mediante la ruptura de la relevancia, se entrelaza de forma indisoluble con los niveles léxico y sintáctico.

También en el caso de la figura etimológica, en la que se repiten formas derivativas de un mismo término, el humorista tiende a crear comicidad no solo mediante la reiteración, como es evidente en esta secuencia de *Guillermo Hotel* (1945):

> ELENA. [...] ¿Estará muerto?
>
> ALBERTO. Así, a simple vista, no sé. Tendría que reconocerlo.
>
> ELENA. Pues reconózcalo.
>
> ALBERTO. (*Muy nervioso.*) ¿Cómo quiere usted que lo reconozca, si es la primera vez que lo veo? (Tono, 1957a: 17-18)

Tabla 13. Aplicación de la ficha para la taxonomía de las técnicas del humor verbal - ejemplo 11

I. PARÁMETROS CONCEPTUALES (TGHV, Attardo y Raskin, 1991)
- SO (*Script Opposition*): Examen Médico/Forense (reconocer para determinar la muerte) vs. Identificación Personal (reconocer a alguien conocido).
- SI (*Situation*): Elena y Alberto hallan un posible cadáver.
- TA (*Target*): Nulo.
- NS (*Narrative Strategy*): Diálogo basado en el equívoco (*pun*) que explota la ambigüedad léxica.

II. NIVEL LINGÜÍSTICO (TGHV: LA - Language)

A. Nivel Léxico
- Juego de palabras: Dilogía en el verbo *reconocer.* Alberto lo utiliza primero en su acepción de *examinar a alguien para establecer su estado* (médica). Sin embargo, en su segunda intervención, se desplaza hacia la acepción de *identificar la identidad de alguien ya conocido* (social/identificativa).

B. Nivel Sintáctico (Humor que surge a nivel de la oración)
- Figura etimológica: La repetición del verbo en diferentes formas («reconocerlo», «reconózcalo», «reconozca») crea una falsa continuidad lógica que prepara el terreno para la ruptura final.

C. Nivel Pragmático (TGHV: LM - *Logical Mechanism*)
- Transgresión del principio de relevancia (Sperber y Wilson, 1986): Alberto rompe la relevancia al procesar el mandato de Elena («reconózcalo») bajo la interpretación menos útil en ese momento. Al elegir la acepción de *identificar conocidos*, obliga al lector/espectador a realizar un ajuste de guion repentino.
- Transgresión del principio de cooperación (Grice, 1975):
  - Máxima de Modo: Alberto utiliza la ambigüedad léxica para crear una oscuridad comunicativa que detiene la acción dramática.
  - Máxima de Relación: La respuesta final de Alberto es impertinente respecto al objetivo de la conversación (confirmar el fallecimiento).

Como se ha mencionado anteriormente, es frecuente que una misma unidad humorística se apoye en varios expedientes de forma simultánea. En el caso analizado de *Guillermo Hotel* (1945), Tono emplea la figura etimológica en el nivel sintáctico y el juego de palabras en el nivel léxico, generando comicidad mediante la reiteración de las formas derivativas del verbo *reconocer* y la explotación de los distintos significados asociados al lema: por un lado, el de constatar una circunstancia física —establecer si el hombre está muerto— y, por otro, el de identificar a alguien por conocimiento previo.

Este ejemplo sirve de transición hacia el tercer y último nivel del análisis: los casos humorísticos basados en el nivel léxico.

En este estrato, las técnicas predilectas para la creación de diálogos absurdos resultan ser el uso de locuciones, modismos y expresiones idiomáticas, la repetición léxica y los juegos de palabras:

Tabla 14. Distribución del humor de naturaleza léxica en el corpus

Obra (año)	Casos humorísticos totales	Casos humorísticos identificados en el nivel léxico	Locuciones, modismos y expresiones idiomáticas	Repeticiones léxicas	Juegos de palabras
RebecO (1944)	249	49	53,1 %	38,8 %	6,1 %
Guillermo Hotel (1945)	277	47	29,8 %	31,9 %	29,8 %
Romeo y Julieta Martínez (1946)	236	43	30,2 %	32,6 %	25,6 %
Algo flota sobre Pepe (1949)	251	59	32,2 %	20,3 %	27,1 %
Francisca Alegre y Olé (1949)	310	56	37,5 %	28,6 %	19,6 %
¡Qué «bollo» es vivir! (1950)	244	58	37,9 %	24,1 %	15,5 %
Tiíta Rufa (1950)	233	46	24 %	33 %	15 %
La verdad desnudita (1955)	178	34	44 %	26,5 %	9 %
Crimen pluscuamperfecto (1956)	156	32	53,1 %	21,9 %	12,5 %

En lo que respecta al uso de las locuciones, los modismos y las expresiones idiomáticas, dado que su sentido no emana de sus componentes aislados, sino de la unión de sus constituyentes, estos recursos se han categorizado dentro de la tipología de humor léxico. Específicamente, Tono tiende a subvertir las frases hechas eliminando su valor inferencial y jugando con el significado literal de las expresiones, como en este caso extraído de *Romeo y Julieta Martínez* (1946):

JULIETA. Llevas razón, papaíto; tú eres el único que me comprende.

DON VICENTE. Claro que te comprendo, hija mía. Tú y yo hablamos el mismo idioma.

DOÑA JOSEFINA. ¿Y yo qué? ¿Hablo el vascuence? (Tono, 1960: 7)

Tabla 15. Aplicación de la ficha para la taxonomía de las técnicas del humor verbal – ejemplo 12

I. PARÁMETROS CONCEPTUALES (TGHV, Attardo y Raskin, 1991)
- SO (*Script Opposition*): Lenguaje metafórico con la expresión *hablar el mismo idioma* vs. Significado literal.
- SI (*Situation*): Julieta hablando con sus padres.
- TA (*Target*): Nulo.
- NS (*Narrative Strategy*): Diálogo.

II. NIVEL LINGÜÍSTICO (TGHV: LA - *Language*)

A. Nivel Léxico
- Frase hecha: El núcleo es *hablar el mismo idioma*. Como unidad léxica, su significado es *entenderse perfectamente* o *compartir valores*.

B. Nivel Pragmático (TGHV: LM – *Logical Mechanism*)
- Transgresión del principio de relevancia (Sperber y Wilson, 1986): Don Vicente utiliza una expresión que denota afecto, cercanía. Doña Josefina, sin embargo, procesa el enunciado con un coste cognitivo nulo, pero en el marco equivocado: el de la dialectología. Al preguntar si ella habla vascuence, rompe la relevancia del momento afectivo para centrarse en un dato irrelevante (qué lengua habla cada uno en la casa).
- Transgresión del principio de cooperación (Grice, 1975):
  - Máxima de Calidad: Al fingir que no entiende el sentido figurado, Josefina crea un conflicto donde no lo había, utilizando la ambigüedad de la palabra *idioma*.
- Ironía: la pregunta de Doña Josefina es irónica en el contexto enunciativo.

El comediógrafo genera, en este caso, comicidad partiendo de la locución verbal de carácter metafórico *hablar el mismo idioma*, la cual indica el hecho de concordar con alguien en una idea o punto de vista, *entenderse perfectamente* o *compartir valores*. El personaje de Doña Josefina opta, por el contrario, por el significado literal de la expresión —el de hablar una misma lengua—, preguntando irónicamente si ella se expresa en vascuence.

El lector/espectador, que favorece el significado más relevante (el metafórico), queda sorprendido ante una segunda interpretación posible del enunciado.

Al eliminar el valor inferencial de las múltiples expresiones idiomáticas de la lengua, de los modismos y de las frases hechas, los enunciados quedan reducidos a su valor originario —el expresado por sus constituyentes aislados—, provocando a menudo un resultado absurdo, ilógico o incoherente con la situación comunicativa.

Por lo que respecta a la repetición léxica, el recurso consiste en la reiteración de un mismo vocablo dentro de un mismo espacio enunciativo, como en el siguiente caso de *La verdad desnudita* (1955), donde el término *loco* se repite hasta ocho veces:

> MIGUEL. ¿Tranquilizarme, pasándome lo que me pasa?... Porque yo no estoy loco, doctor; no estoy loco...
>
> DOCTOR. Claro que no está usted loco... ¿Quién le ha dicho que esté usted loco?
>
> MIGUEL. No, no diga usted que no estoy loco, ¡porque eso es lo que se dice a todos los locos!...
>
> DOCTOR. Bueno, pues está usted loco.
>
> MIGUEL. ¿Que estoy loco?... (Tono, 1955: 49)

La estrategia de la repetición, empleada tradicionalmente para generar comicidad, contribuye en la obra de Tono al juego intelectual: en un primer momento, Miguel recalca al doctor que no está loco, extremo que este confirma. A partir de ahí, el paciente le suplica que no le diga que no esté loco, pues considera que eso es precisamente lo que se les dice a todas las personas locas.

Cuando el médico finalmente confirma su locura, Miguel reacciona con sorpresa preguntando si es verdadero lo que le está diciendo el doctor. La comicidad, por tanto, emana tanto de la reiteración obsesiva del término como del contraste dialéctico entre los estados de *estar loco* y *no estar loco.*

Para terminar con la clasificación de los expedientes humorísticos empleados en el teatro de Tono, cabe destacar el uso de los juegos de palabras (*puns*), definidos por Delabastita (1996: 128) como: «[...] diversos fenómenos textuales en los que se explotan las características estructurales de la(s) lengua(s) utilizada(s) con el fin de lograr una confrontación comunicativamente significativa de dos (o más) estructuras lingüísticas con formas más o menos similares y significados más o menos diferentes».

Tabla 16. Aplicación de la ficha para la taxonomía de las técnicas del humor verbal – ejemplo 13

I. PARÁMETROS CONCEPTUALES (TGHV, Attardo y Raskin, 1991)
- SO (*Script Opposition*): Verdad vs. Convención (lo que se dice a las personas locas vs. lo que dicen habitualmente).
- SI (*Situation*): Una consulta médica.
- TA (*Target*): Nulo.
- NS (*Narrative Strategy*): Diálogo circular.

II. NIVEL LINGÜÍSTICO (TGHV: LA - *Language*)

A. Nivel Léxico
- Repetición léxica: El término *loco* se repite hasta ocho veces en este breve pasaje. Esta acumulación produce un efecto de desgaste: la palabra deja de designar una patología para convertirse en un objeto fónico que rebota entre los personajes.

B. Nivel Sintáctico
- Paradoja de la negación: Miguel construye una estructura lógica irrefutable y absurda: «No diga usted que no estoy loco, ¡porque eso es lo que se dice a todos los locos!». Sintácticamente, anula la validez de cualquier enunciado del Doctor: tanto la afirmación como la negación confirman la locura.

C. Nivel Pragmático (TGHV: LM – *Logical Mechanism*)
- Transgresión del principio de cooperación (Grice, 1975):
  - Máxima de Calidad: El Doctor termina violando esta máxima. Pasa de decir que Miguel no está loco a decir que sí lo está, no basándose en la verdad médica, sino en la fatiga comunicativa.
  - Máxima de Modo: La conversación es oscura y prolija debido a la redundancia del término *loco*.
  - Máxima de Cantidad: La repetición excesiva de la palabra clave satura el canal informativo sin añadir contenido real.

La idea de una «confrontación comunicativamente significativa» alude a la función que desempeña el juego de palabras dentro del texto, la cual no posee necesariamente una finalidad humorística.

Este fenómeno puede manifestarse en todos los niveles de la lengua —desde el fonético hasta el sintáctico— y se fundamenta principalmente en la asociación entre sonido y significado.

En las obras analizadas, la gran mayoría de estos juegos se basan en la homonimia y la paronimia, siendo marginales los casos de homofonía y homografía.

A modo de ejemplo, obsérvese el siguiente caso extraído de *Romeo y Julieta Martínez* (1946):

> DOÑA JOSEFINA. Aquí está el doctor. ¿Cómo está usted?
>
> DOCTOR. Regularcillo. ¿Qué le pasa a esta señora? A ver, siéntenla en este sillón. (*Colocan en un sillón a la* SRA. PÉREZ.) ¿Qué siente usted?
>
> SRA. PÉREZ. Siento haber venido a esta casa. (Tono, 1960: 24)

Tabla 17. Aplicación de la ficha para la taxonomía de las técnicas del humor verbal – ejemplo 14

I. PARÁMETROS CONCEPTUALES (TGHV, Attardo y Raskin, 1991)
- SO (*Script Opposition*): *sentir* con valor médico (Salud/Síntomas) vs. *sentir* con valor de arrepentimiento.
- SI (*Situation*): El Doctor se dispone a visitar a la Sra. Pérez.
- TA (*Target*): Nulo.
- NS (*Narrative Strategy*): Diálogo basado en el equívoco léxico (*pun*) que actúa como respuesta inesperada.

II. NIVEL LINGÜÍSTICO (TGHV: LA - *Language*)
A. Nivel Léxico
- Juego de palabras basado en la homonimia: El eje del chiste es el verbo *sentir.*

B. Nivel Pragmático (TGHV: LM – *Logical Mechanism*)
- Transgresión del principio de relevancia (Sperber y Wilson, 1986): El Doctor emite un estímulo con una intención clara: obtener datos médicos. La Sra. Pérez ignora la relevancia clínica y responde con una relevancia situacional.
- Transgresión del principio de cooperación (Grice, 1975):
  - Máxima de Relación: La respuesta de la Sra. Pérez no guarda relación con la salud, sino con su arrepentimiento por estar allí.
  - Máxima de Modo: Se explota la ambigüedad del verbo *sentir* para crear un efecto de sorpresa.

Tono crea un juego de palabras basado en la dilogía del término *sentir*, el cual remite, por un lado, a la percepción física (notar un síntoma) y, por otro, al sentimiento de desolación (lamentar una acción). Lo más interesante es que la respuesta de la Señora Pérez («Siento haber venido a esta casa») es una verdad absoluta, pero fuera de lugar. Al eliminar el valor inferencial del contexto médico, Tono reduce la interacción a un juego de palabras donde la cortesía verbal desaparece, dejando paso a la sinceridad brutal del absurdo. La risa surge de ese juego intelectual que obliga al público a reinterpretar el verbo *sentir* en apenas una fracción de segundo.

Para terminar, el análisis pormenorizado de las técnicas humorísticas en la dramaturgia de Tono permite confirmar la supremacía de la dimensión pragmática como el eje vertebrador de su estética del absurdo. A través de la violación sistemática de las máximas de Grice y de la quiebra constante del principio de relevancia, el autor transforma el diálogo en un escenario de resistencia lógica donde el lenguaje, lejos de facilitar el entendimiento, se convierte en un instrumento de alienación y aislamiento.

Como se ha podido constatar, tanto la repetición sintáctica como la literalización léxica de las frases hechas no funcionan como meros adornos retóricos, sino como mecanismos de vaciado referencial que despojan a los personajes de su autonomía comunicativa.

En última instancia, el estudio demuestra que en los diálogos de Tono se revela una opacidad inferencial donde el humor se manifiesta —en la mayoría de los casos— como una restricción del procesamiento lingüístico a su nivel estrictamente denotativo. La supresión de las inferencias impide la cooperación comunicativa y reduce la interacción verbal a una sucesión de automatismos lógicos y disfunciones en la asignación de referentes, consolidando un teatro donde el lenguaje deja de ser funcional para el entendimiento y se convierte en un objeto de experimentación lógica.

Conclusiones

El análisis detallado de las técnicas humorísticas en la dramaturgia de Tono confirma que su *Humor Nuevo* constituye una arquitectura lingüística deliberada que opera sistemáticamente sobre la ruptura de la lógica comunicativa, tal como demuestra la aplicación de la Teoría General del Humor Verbal (TGHV). A través del estudio de un corpus que abarca desde *RebecO* (1944) hasta *Crimen pluscuamperfecto* (1956), se observa que el lenguaje deja de ser un vehículo informativo para convertirse en el objetivo mismo del ataque humorístico, empleando recursos como la figura etimológica y la repetición léxica no por redundancia estética, sino para lograr un vaciado semántico que reduce la palabra a su pura materialidad fónica.

Del análisis emerge asimismo la frecuente falta de un blanco o *target* de la burla, entendido como un destinatario real del juego humorístico, lo que confirma la naturaleza inocente del humor de Tono; una visión que coincide con lo expuesto por Peláez Pérez (2007: 178-179), quien afirma que las ideas del humorista:

> inciden en su carácter inofensivo, de juego de ruptura de moldes, sin más pretensiones que divertir desde el conocimiento de la tradición cultural. Es una concepción idéntica al juego que entraña el género paródico. El autor parte de un molde conocido por el lector y espectador y, a partir de ese conocimiento común, lo deforma, lo recrea, con objeto de presentar a ese lector-espectador una nueva versión que lo sorprenda y le haga consciente de los artificios y mecanismos convencionales del subtexto remedado.

Este concepto de *ruptura de moldes* se encuentra también en una de las obras en prosa de Tono, *Diario de un niño tonto* (1948), donde el protagonista Gustavo afirma: «rompamos moldes de una vez, pues en la vida no hay nada tan bonito como romper moldes» (Tono, 1998: 44). Dicha ruptura se traduce en una violación sistemática de las máximas de Grice y de la Teoría de la

Relevancia que genera un diálogo saboteado constantemente, el cual obliga al lector/espectador a un esfuerzo cognitivo ante el cortocircuito entre el guion esperado y la respuesta verbal obtenida.

De hecho, el hallazgo central de esta investigación reside en la consolidación de la opacidad inferencial como rasgo definitorio del humor de Tono, donde la literalización sistemática de locuciones, modismos y frases hechas anula el pacto cooperativo entre los interlocutores y desactiva la intención comunicativa originaria.

Es precisamente en esta maestría para subvertir las expectativas del público donde reside el éxito de Tono, quien, lejos de querer exponer una tesis o respetar la lógica de la trama, se centra en evidenciar la trampa del lenguaje. Este enfoque se vincula directamente con la influencia de su célebre amigo y colaborador Miguel Mihura, cuya definición del humorismo sintetiza magistralmente la esencia de este estudio:

> El humor es verle la trampa a todo, darse cuenta de por dónde cojean las cosas; comprender que todo tiene un revés, que todas las cosas pueden ser de otra manera, sin querer por ello que dejen de ser tal como son, porque esto es pecado y pedantería. El humorismo es lo más limpio de intenciones, el juego más inofensivo, lo mejor para pasar las tardes. Es como un sueño inverosímil que al fin se ve realizado. (Mihura, 1948: 304-305)

El análisis del corpus permite resumir que la propuesta estética de Tono se basa en vaciar el lenguaje de su sentido más inmediato y pragmático. A través de este vaciado semántico, especialmente visible en el tratamiento de las frases hechas, el autor despoja a las expresiones del significado que el uso cotidiano ha cristalizado, devolviéndolas a una literalidad que resulta tan desconcertante como humorística. Al romper la relación automática entre la palabra y su contexto, el humorista obliga al receptor a enfrentarse a la desnudez de un lenguaje que ha perdido su función utilitaria para convertirse en un objeto puramente lúdico y absurdo.

En última instancia, esta estrategia cristaliza la idea de Mihura según el que el humor consiste en comprender que «todo tiene un revés» y que las cosas pueden ser de otra manera sin dejar de ser lo que son. Bajo esta premisa, Tono muestra sistemáticamente la *otra cara* de cada enunciado, revelando cómo cualquier unidad lingüística puede albergar un sentido divergente.

Para lograrlo, el mecanismo fundamental resulta ser una *desemantización temporal* de elementos específicos —ya sean neologismos, juegos de palabras o expresiones idiomáticas— que permite atribuirles un valor semántico inédito que emerge del tejido textual.

Es crucial subrayar que esta desemantización es, necesariamente, transitoria: el resultado final no suprime el significado original del ítem lingüístico, sino que lo suspende momentáneamente para permitir la activación de un segundo plano de sentido. Al culminar el proceso, ambos sentidos coexisten y se cristalizan en el contexto enunciativo, manteniendo una dualidad latente donde ninguna de las dos acepciones anula a la otra.

Finalmente, no existe dimensión más propicia para albergar este sistema que la teatral. El enfoque dialógico-conversacional de la comunicación dramática favorece la activación de este mecanismo; es a través del intercambio dinámico de réplicas donde los enunciados adquieren y acumulan estas nuevas capas de significado. Estas facetas, que primero afloran en el texto como una subversión lingüística, terminan de cobrar vida sobre el escenario, convirtiendo la escena en el laboratorio ideal para la renovación del humor español y confirmando a Tono como un arquitecto esencial del absurdo.

Para concluir, este trabajo aspira a ofrecer una contribución significativa al ámbito de la lingüística del humor, defendiendo una estética que demuestra que solo un enfoque integrado permite abordar con rigor la complejidad de fenómenos comunicativos como el humor verbal. En este sentido, la propuesta sostiene que la convergencia entre la Teoría General del Humor Verbal (TGHV) y los principios pragmáticos —especialmente la Teoría de la Relevancia— resulta esencial para un análisis exhaustivo.

Más en particular, mientras la TGHV proporciona una arquitectura estructural necesaria para entender cómo se procesa y organiza el humor en el cerebro del receptor a través de sus seis recursos de conocimiento, la Teoría de la Relevancia se erige como la herramienta fundamental para identificar dónde reside exactamente el efecto humorístico. Mientras que la relevancia explica el proceso de inferencia y la ruptura de expectativas en el acto comunicativo, la TGHV desglosa los componentes lógicos y narrativos que hacen posible dicha ruptura.

Esta sinergia teórica no solo enriquece el estudio de la obra de Tono, sino que valida un modelo metodológico capaz de desentrañar la multimodalidad y las capas de significado presentes en el humor contemporáneo, donde la palabra, el contexto y la inferencia se entrelazan de forma inseparable.

Asimismo, este estudio no pretende ser un punto de llegada, sino un punto de partida para futuras líneas de investigación que permitan aplicar sistemáticamente la metodología de la ficha taxonómica tripartita a otros autores de la *Otra generación del 27*. El análisis comparativo de las estrategias lingüísticas de figuras como Tono, Mihura, Jardiel Poncela, Neville o López Rubio mediante este prisma permitiría identificar con precisión técnica las divergencias y convergencias de los miembros de este grupo en su tratamiento del absurdo, profundizando en los matices que cada uno aporta a la renovación del humor español.

En fin, si la finalidad de Tono es, como se ha visto, *simplemente* divertir, la clave fundamental para todos nosotros es no olvidarnos nunca de divertirnos también durante la investigación, hallando en el rigor del estudio el mismo placer intelectual que el humorista depositó en sus creaciones.

Rompamos moldes de una vez.

Bibliografía

Aguirre Sirera, José Luis (1998). «Antonio de Lara Gavilán "Tono" (1896-1978)», en María Luisa Burguera Nadal y Santiago Fortuño Llorens (eds.): *Vanguardia y humorismo. La Otra Generación del 27*, colección «Summa», Castellón de la Plana, Universidad Jaime I, pp. 37-49.

Alvarado Ortega, María Belén (2006). «Las marcas de la ironía», en *Interlingüística*, 16, pp. 1-11.

Alvarado Ortega, María Belén (2012). «Una propuesta de estudio para el humor en la conversación coloquial», en *ELUA*, 26, pp. 7-28.

Álvaro González, Francisco (1964). *El espectador y la crítica. El teatro en España en 1964*, Madrid, Prensa Española.

Álvaro González, Francisco (1968). *El espectador y la crítica. El teatro en España en 1968*, Madrid, Prensa Española.

Attardo, Salvatore (2001). *Humorous Texts: a Semantic and Pragmatic Analysis*, Berlín, Mouton De Gruyter.

Attardo, Salvatore (2002). «Translation and Humor: A GTVH-based Approach», en *The Translator*, 8 (2), pp. 173-194.

Attardo, Salvatore (2020). *The Linguistics of Humor: An Introduction*, Oxford, Oxford University Press.

Attardo, Salvatore y Raskin, Victor (1991). «Script theory revis(it)ed: joke similarity and joke representation model», en *HUMOR: International Journal of Humor Research*, 4 (3-4), pp. 293-347.

Bergson, Henri (2017 [1900]). *Il riso. Saggio sul significato del comico*, en Federica Sossi (ed.), Milán, Feltrinelli Editore.

Bonet, Juan Manuel (1995). *Diccionario de las vanguardias en España: 1907-1936*, Madrid, Alianza Editorial.

Carr, Raymond (1984). *España. 1808-1975*, Barcelona, Editorial Ariel.

Clark, Michael (1987). «Humor and Incongruity», en John Morreall (ed.): *The Philosophy of Laughter and Humor*, Albany, State University of New York Press, pp. 139-155.

Clavera, Joan, Esteban, Joan María, Monés, María Antonia, Montserrat Antoni y Ros Hombravella, Jacint (1978). *Capitalismo español: de la autarquía a la estabilización: 1939-1959*, Madrid, EDICUSA.

Colston, Herbert y O'Brien, Jennifer (2000). «Contrast and pragmatics in figurative language: anything understatement can do, irony can do it better», en *Journal of Pragmatics*, 32, pp. 1557-1583.

De Bono, Edward (1992). *Serious Creativity: Using the Power of Lateral Thinking to Create New Ideas*, Nueva York, Harper Collins.

Delabastita, Dirk (1996). *Wordplay and Translation*, Manchester, St. Jerome Publishing.

Delabastita, Dirk (2004). «Wordplay as a Translation Problem: a Linguistic Perspective», en Harald Kittel, Armin Paul Frank, Norbert Greiner, Theo Hermans, Werner Koller, José Lambert, Fritz Paul (eds.): *Übersetzung, Translation, Traduction*, Berlín, Mouton de Gruyter, pp. 600-606.

Díaz-Plaja, Fernando (1967). *Teatro español de hoy. Antología (1939-1966)*, Madrid, Ediciones Alfil.

Fernández-Hoya, Gema (2011). *La pirotecnia de la palabra. Antonio de Lara Gavilán «Tono» y el cine.* Tesis doctoral, Madrid, Universidad Complutense.

Fernández-Hoya, Gema, Aguilar, Santiago y Cabrerizo, Felipe (2019). *Tono, un humorista de la vanguardia*, Sevilla, Editorial Renacimiento.

Freud, Sigmund (1975 [1905]). *Il motto di spirito e la sua relazione con l'inconscio*, Roma, Newton Compton Editori.

Gagliardelli, Giancarlo (1999). *Elementi di grammatica enunciativa della lingua inglese*, Bolonia, CLUEB.

García Ruiz, Víctor (2014). *La comedia de posguerra en España*, Pamplona, EUNSA.

García Ruiz, Víctor y Torres Nebrera, Gregorio (2003-2006). *Historia y antología del teatro español de posguerra*, 7 volúmenes, Madrid, Espiral/Fundamentos.

Giudicepietro, Fabiana (2023). *L'umorismo verbale nella drammaturgia di «Tono». Edizione critica, traduzione e analisi linguistico-traduttologica di due commedie inedite:* RebecO *(1944) e* Algo flota sobre Pepe *(1949)*. Tesis doctoral, Roma, Universidad de Roma Tre.

Giudicepietro, Fabiana (2024). «Estudio de los problemas lingüísticos en *Algo flota sobre Pepe* (1949) de Tono: la traducción de juegos de palabras, locuciones, modismos y frases hechas», en Elena E. Marcello (coord.): *El humor vanguardista español en su variada «traslación»*, Roma, Nova Delphi Academia, pp. 89-110.

Gómez De La Serna, Ramón (1999 [1924]). *La sagrada cripta de Pombo*, Madrid, Consejería de Educación Visor Libros.

González-Grano de Oro, Emilio (2005). *Ocho humoristas en busca de un humor. La Otra Generación del 27*, Madrid, Ediciones Polifemo.

González Manrique, Manuel Jesús (1979). *La economía política del franquismo (1940-1970)*, Madrid, Editorial Tecnos.

GRICE, Herbert Paul (1975). «Logic and Conversation», en Peter Cole y Jerry Morgan (eds.): *Syntax and Semantics: Speech Acts*, Nueva York, Academic Press, pp. 41-58.

HAVERKATE, Henk (1985). «La ironía verbal: análisis pragmalingüístico», en *Revista Española de Lingüística*, 15, 2, pp. 343-391.

HOBBES, Thomas (2001). *Leviatano*, en Raffaella Santi (ed.), Milán, Bompiani.

HUERTA CALVO, Javier (2003). *Historia del teatro español*, Tomo II, *Del siglo XVIII a la época actual*, Madrid, Gredos.

KERBRAT-ORECCHIONI, Catherine (1980). «L'ironie comme trope», en *Poétique* 41, pp. 108-127.

KOESTLER, Arthur (1964). *The Act of Creation*, Londres, Hutchinson.

LARKIN-GALIÑANES, Cristina (2017). «An Overview of Humor Theory», en Salvatore Attardo (coord.): *The Routledge Handbook of Language and Humor*, Nueva York/ Londres, Routledge Taylor & Francis, pp. 4-16.

LLERA, José Antonio (2006). «La paradoja del "Humor Nuevo": *Ni pobre ni rico, sino todo lo contrario*, de Mihura y Tono», en José Luís García Barrientos (coord.): *Análisis de la dramaturgia. Nueve obras y un método*, Madrid, Fundamentos, pp. 111-150.

LÓPEZ, Belem y VAID, Jyotsna (2017). «Psycholinguistic Approaches to Humor», en Salvatore Attardo (coord.): *The Routledge Handbook of Language and Humor*, Nueva York/Londres, Routledge Taylor & Francis, pp. 267-281.

LÓPEZ RUBIO, José (2003). *La Otra Generación del 27. Discurso y cartas*, en José M. Torrijos (ed.), Madrid, Centro de Documentación Teatral.

MARCELLO, Elena Elisabetta (2021). «*Né povero né ricco, anzi proprio il contrario* di Mihura e "Tono", una commedia fuori dagli schemi», en Elena E. Marcello (coord.): *Umoristi spagnoli a teatro/1*, Pisa, ETS, pp. 29-58.

MATEO MARTÍNEZ-BARTOLOMÉ, Marta (1995). *La traducción del humor*, Oviedo, Universidad de Oviedo.

MCCOLLOM, William (1969). «The Role of Wit *in Much Ado About Nothing*», en Walter R. Davis (ed.): *Twentieth-century Interpretation of Much Ado About Nothing*, New Jersey, Prentice-Hall, pp. 67-79.

MEL'ČUK, Igor Alekandrovič (2006). «A short guide to the Meaning-Text linguistic theory», en *Journal of Koralex*, 8, pp.187-233.

MEL'ČUK, Igor Alekandrovič (2012). *Semantics: from meaning to text*, vol. I, Ámsterdam/ Filadelfia, John Benjamins.

MEL'ČUK, Igor Alekandrovič (2013). *Semantics: from meaning to text*, vol. II, Ámsterdam/ Filadelfia, John Benjamins.

MIHURA, Miguel (1948). *Mis memorias*, Barcelona, José Janés.

MIHURA, Miguel y TONO (2021). *Ni pobre ni rico, sino todo lo contrario / Né povero né ricco, anzi proprio il contrario*, en Elena E. Marcello (trad. y coord.): *Umoristi spagnoli a teatro/1*, Pisa, ETS.

Molins De La Fuente, Patricia (2002). *Los humoristas del 27: Antoniorrobles, Bon, Enrique Jardiel Poncela, K-Hito, José López Rubio, Miguel Mihura, Edgar Neville, Tono*, Madrid, Ediciones Sinsentido.

Morreall, John (2011). *Filosofia dell'umorismo. Origini, etica e virtù della risata*, Milán, Sironi Editore.

Muzzioli, Francesco (2015). *Ironia*, Nápoles, Guida Editori.

Peláez Pérez, Víctor Manuel (2007). «Aproximación al humor de Tono», en Juan Ríos Carratalá (ed.): *Anales de Literatura Española*, 19, Alicante, Universidad de Alicante, pp. 173-188.

Pirandello, Luigi (1908). *L'umorismo: saggio*, Lanciano, Carabba.

Platón (1981). «Filebo», en Giuseppe Cambiano (ed.): *Dialoghi Filosofici*, vol. II, 48-50, Turín, UTET.

Raskin, Victor (1985). *Semantic Mechanisms of Humor*, Dodrecht/ Boston/ Lancaster, D. Reidel.

Ruch, Willibald, Attardo, Salvatore y Raskin, Victor (1993). «Towards an Empirical Verification of the General Theory of Verbal Humor», en *HUMOR: International Journal of Humor Research*, 6 (2), pp. 123-136.

Ruiz Gurillo, Leonor (2012). *La lingüística del humor en español*, Madrid, Arco Libros.

Ruiz Ramón, Francisco (2020 [1975]). *Historia del teatro español del siglo XX*, Madrid, Cátedra.

Sainz de Robles, Federico Carlos (1964). «Apéndice. Obras estrenadas en Madrid y provincias durante la temporada 1950-1951», en *Teatro Español, 1950-51*, Madrid, Ediciones Aguilar, pp. 451-486.

Sánchez Castro, Marta (2007). *El humor en los autores de la «otra generación del 27». Análisis lingüístico-contrastivo*, Fráncfort del Meno, Peter Lang.

Seco, Manuel (2017). *Diccionario fraseológico documentado del español actual*, Madrid, JdeJ Editores.

Spencer, Herbert (1911). «On the Physiology of Laughter», en *Essays on Education, Etc.*, Londres, Dent.

Sperber, Dan y Wilson, Deirdre (1986). *Relevance: Communication and Cognition*, Oxford, Blackwell.

Tono (1952). *Francisca Alegre y Olé* y *¡Qué «bollo» es vivir!*, Madrid, Ediciones Alfil.

Tono (1955). *La verdad desnudita*, Madrid, Editorial Luis Iriarte.

Tono (1956). *Crimen pluscuamperfecto*, Madrid, Editorial Biblioteca Teatral.

Tono (1957a). *Guillermo Hotel*, Madrid, Editorial Biblioteca Teatral.

Tono (1957b). *Tiíta Rufa*, San Sebastián, Ediciones Alfil.

Tono (1960). *Romeo y Julieta Martínez. Función con fantasma en tres actos, original de Tono*, Madrid, Biblioteca Teatral.

Tono (1978). *Antología: 1927-1977*, Madrid, Prensa Española.

Tono (1998 [1948]). *Diario de un niño tonto*, Madrid, Temas de Hoy.

Torres Cacharrón, Marta (2018). *La presencia cinematográfica en el teatro de Tono. El cine cómico mudo americano en las «funciones» disparatadas*. Tesis doctoral, Madrid, Universidad Complutense.

Torres Sánchez, María Ángeles (1999). *Aproximación pragmática a la ironía verbal*, Cádiz, Universidad de Cádiz.

Torrijos, José María (2003). «López Rubio: el remedio en la memoria», en José López Rubio: *La Otra Generación del 27. Discurso y cartas*, Madrid, Centro de Documentación Teatral, pp. 16-38.

Trecca, Simone (2021). «Cose dell'altro secolo, ovvero: lo strano caso del teatro umoristico spagnolo», en Elena E. Marcello (coord.): *Umoristi spagnoli a teatro/1*, Pisa, ETS, pp. 7-26.

Vandaele, Jeroen (2011). «Wordplay in Translation», en Yves Gambier y Luc Van Doorslaer (eds.): *Handbook of Translation Studies*, II volumen, Ámsterdam, John Benjamins Publishing Company.

Vicari, Gianbattista (1959). *Umoristi del Novecento*, Milán, Garzanti.

Yus, Francisco (1996). «La Teoría de la Relevancia y la estrategia humorística de la incongruencia-resolución», en *Pragmalingüística*, 3-4, pp. 497-508.

Hemerografía

ABC (1949a). «Cartelera madrileña», en *ABC Madrid*, 7-IV-1949, p. 19.
ABC (1949b). «Cartelera madrileña», en *ABC Madrid*, 18-X-1949, p. 26.
Bayona, José Antonio (1951). «Estreno de la función de Tono "Tiíta Rufa" en el Reina Victoria», en *Pueblo*, 3-III-1951, p. 2.
Bellver, Alejandro (1945). «En el Barcelona "Guillermo Hotel"», en *Barcelona Teatral*, 28-VI-1945, p. 2.
Bellver, Alejandro (1947). «Anoche, en el Calderón "Romeo, y Julieta Martínez", de Tono», en *Barcelona Teatral*, 24-IV-1947, p. 2.
Bellver, Alejandro (1950a). «En el Barcelona, Valeriano estrenó "Algo flota sobre Pepe", de Tono», en *Barcelona Teatral*, 2-III-1950, p. 2.
Bellver, Alejandro (1950b). «En el Comedia, "Francisca Alegre y Olé", para Isabel Garcés», en *Barcelona Teatral*, 13-IV-1950, p. 2.
Bellver, Alejandro (1950c). «Artañán o los tres mosqueteros", en el Calderón; "Rosa Espinosa", en el Poliorama, "Tiíta Rufa", en el Barcelona», en *Barcelona Teatral*, 14-XII-1950, p. 2.
Bolín, Guillermo (1961). «Una breve conversación con "Tono", guionista, director y actor cinematográfico», en *Blanco y Negro*, 2-XII-1961, p. 62.
Carmona Victorio, José (1950). «"¡Qué 'bollo' es vivir!", en el Infanta Isabel», en *ABC Madrid*, 4-X-1950, p. 28.
Cifra (1947a). «La 100 representación de "Romeo y Julieta Martínez"», en *ABC Madrid*, 26-I-1947, p. 33.
Cifra (1947b). «Infanta Isabel: La cien representación de "Romeo y Julieta Martínez"», en *ABC Madrid*, 30-I-1947, p. 18.
Fernández Asís, Victoriano (1955). «Reina Victoria: "La verdad desnudita", función de Tono», en *Pueblo*, 11-III-1955, p. 1.
García, Pío (2018). «¡Qué bollo es vivir!: teatro aficionado», en *La Rioja*, 28 de octubre. Disponible en línea: [https://www.larioja.com/culturas/bollo-vivir-teatro-20181028005720-ntvo.html?ref=https%3A%2F%2Fwww.larioja.com%2Fculturas%2Fbollo-vivir-teatro-20181028005720-ntvo.html].
García, Santiago (1944). «BARCELONA. Estreno de "RebecO"», en *La Vanguardia Española*, 21-VI-1944, p. 8.

Gómez De La Serna, Ramón (1956). «Laberinto del nuevo humorismo», en *La estafeta literaria*, 73, 8-XII-1956.
Gómez Santos, Marino (1959a). «Pequeña historia de grandes personajes: Tono cuenta su vida», en *Pueblo*, 8-XII-1959, p. 18.
Gómez Santos, Marino (1959b). «Pequeña historia de grandes personajes: Tono cuenta su vida», en *Pueblo*, 12-XII-1959, p. 18.
González Ruiz, Nicolás (1955). «"La verdad desnudita", de Tono, en el Reina Victoria», en *Ya*, 11-III-1955, p. 1.
Goñy de Ayala, Teodoro (1949). «"Francisca Alegre y Olé", en el Principal», en *Barcelona Teatral*, 1-IX-1949, p. 2.
Guerrero Zamora, Juan (1955). «En el Reina Victoria fue estrenada "La verdad desnudita", de Tono», en *El Alcázar*, 11-III-1955, p. 23.
Haro Tecglen, Eduardo (1951). «Crítica de *Tiíta Rufa*», en *Informaciones*, Madrid, 3-III-1951.
Interino (1951). "Tono" estrenó anoche en el Reina Victoria, con la compañía de Guadalupe Muñoz Sampedro, su "función" "Tita Rufa"», en *ABC Madrid*, 3-III-1951, p. 23.
Marqueríe, Alfredo (1944). «Infanta Isabel: estreno de la comedia de humor, de Tono. "Rebeco"», en *ABC Madrid*, 13-IX-1944, p. 16.
Marqueríe, Alfredo (1945a). «Infanta Isabel. Estreno de "Guillermo Hotel", "función" en tres actos, original de Tono», en *ABC Madrid*, 9-V-1945, p. 16.
Marqueríe, Alfredo (1945b). «Infanta Isabel. La cien representación de "Guillermo Hotel"», en *ABC Madrid*, 28-IX-1945, p. 14.
Marqueríe, Alfredo (1946). «Estrenos en Infanta Isabel y Comedia, función extraordinaria en Martín y nuevo programa en Price», en *ABC Madrid*, 19-XII-1946, p. 25.
Marqueríe, Alfredo (1949a). «Estreno en el Alcázar de la "función" de "Tono" "Algo flota sobre Pepe"», en *ABC Madrid*, 31-III-1949, p. 17.
Marqueríe, Alfredo (1949b). «"Algo flota sobre Pepe", de "Tono", se repuso en el Infanta Beatriz», en *ABC Madrid*, 19-X-1949, p. 21.
Marqueríe, Alfredo (1949c). «En el Infanta Isabel se estrenó "Francisca Alegre y Olé", de "Tono"», en *ABC Madrid*, 27-X-1949, p. 29.
Marqueríe, Alfredo (1955). «En el Reina Victoria se estrenó "La verdad desnudita", de "Tono"», en *ABC Madrid*, 11-III-1955, p. 44.
Marqueríe, Alfredo (1956). «En la Comedia se estrenó "Crimen pluscuamperfecto", de Tono», en *ABC Madrid*, 13-XII-1956, p. 61.
Mejías, Leocadio (1955). «El estreno entre bastidores», en *Madrid*, 11-III-1955, p. 1.
Nerva, Sergio (1956). «"Tono" vence por puntos a Agatha Christie», en *España de Tánger*, 23-XII-1956, pp. 5-7.
Tono (1944). «Autocrítica de *RebecO*», en *ABC Madrid*, 12-IX-1944, p. 14.
Tono (1945). «Autocrítica de *Guillermo Hotel*», en *ABC Madrid*, 8-V-1945, p. 24.

Tono (1946). «Autocrítica del estreno de mañana, miércoles, en el Infanta Isabel», en *ABC Madrid*, 17-XII-1946, p. 25.
Tono (1947). «Ante el próximo estreno de "Romeo y Julieta Martínez". Lo que dice el autor», en *Barcelona Teatral*, 17-XII-1946, p. 8.
Tono (1949a). «Autocrítica de "Algo flota sobre Pepe"», en *ABC Madrid*, 30-III-1949, pp. 19-20.
Tono (1949b). «Autocrítica de "Francisca Alegre y Olé", obra de "Tono", que mañana se estrenará en el Infanta Isabel», en *ABC Madrid*, 25-X-1949, p. 33.
Tono (1956). «Autocrítica de "Crimen pluscuamperfecto"», en *ABC Madrid*, 11-XII-1956, p. 55.
Torrente (1955). «Estreno en el Reina Victoria de "La verdad desnudita"», en *Arriba*, 11-III-1955, p. 1.
Zanni, Urbano Fernández (1945). «BARCELONA. Estreno de "Guillermo Hotel"», en *La vanguardia española*, 28-VI-1945, p. 10.

Apéndice 1

Dada la dispersión del corpus de Tono, se ha llevado a cabo una labor de fijación y clasificación de las obras adscritas al autor, tanto en prosa como teatrales. Los datos aquí expuestos se han obtenido mediante un cotejo inicial de diversos estudios sobre la producción de Tono,[48] implementados posteriormente con la información recabada tras la consulta del Archivo General de la Administración (AGA) de Alcalá de Henares, el Centro de Documentación y Archivo (CEDOA) de la Sociedad General de Autores y Editores, el Centro de Documentación de las Artes Escénicas y de la Música (CDAEM) y el fondo de la Biblioteca de Teatro Contemporáneo de la Fundación Juan March. Se ha extraído información adicional de la base de datos de la Biblioteca Nacional de España y del Diccionario Biográfico de la Real Academia de la Historia.

Allí donde se han detectado discrepancias entre los estudios citados, se indica en el cuerpo del texto la fecha que resulta filológicamente más fiable, ofreciendo las aclaraciones pertinentes en nota al pie. Quedan excluidos los datos relativos a la producción cinematográfica[49] y a las colaboraciones en prensa.

48 En particular, se han considerado fundamentalmente los siguientes estudios: Aguirre Sirera (1998: 47-49) —pionero en la delimitación del corpus artístico de Tono—, González-Grano de Oro (2005: 170-171), García Ruiz y Torres Nebrera (2003-2006) y Fernández-Hoya, Aguilar y Cabrerizo (2019).

49 En 1930, Tono emprendió su viaje hacia la meca del cine. Atraído, al igual que otros integrantes de su generación, por el magnetismo del séptimo arte, el humorista se encargó en Hollywood de la redacción de los diálogos adicionales para la versión española de *Min and Bill*. Aunque su periplo estadounidense apenas se prolongó durante un año, este ejerció una profunda influencia en su trayectoria vital y profesional; de hecho, Tono evocaría dicha experiencia con frecuencia en diversas entrevistas e interpolaría múltiples referencias cinematográficas en el seno de sus comedias. A raíz de la creación de los estudios cinematográficos Chamartín, Tono proyecta consolidar su carrera en el séptimo arte tras su nombramiento como director artístico; no obstante, la inminencia

Cabe señalar que la relación presentada no tiene pretensión de exhaustividad, sino que aspira a servir de referente para futuras investigaciones sobre el tema.

PROSA

- 1938. *100 tonerías de Tono*, San Sebastián, Nueva Editorial.
- 1939. *María de la Hoz* (en colaboración con Miguel Mihura), Madrid, Ediciones Españolas.
- 1948. *Diario de un niño tonto*, Barcelona, José Janés.
- 1949. *Automentirografía*, Barcelona, José Janés.
- 1953. *Cuando yo me llamaba Harry, novela americana*, Madrid, La Novela del Sábado.
- 1954. *Los caballeros las prefieren castañas*, Madrid, Cid.
- 1955. *Pepelandia*, Madrid, Colección Pandora.
- 1955. *Romeo y Julita*, Barcelona, Taurus Ediciones.
- 1957. *Conchito, o memorias de un niño tonto*, Barcelona, Ediciones GP.
- 1957. Colaboración en *Antología del humor español*, Madrid, Taurus, con los siguientes relatos: *El extraño sastre*; *La mujer de Rodríguez*; *Cuando yo inventé el «Triporrinococo»*; *El cliente siempre tiene la razón*; *La operación*.[50]
- 1959. *Con la lengua fuera*, Barcelona, Ediciones GP.
- 1960. *¡Viva yo! Historia larga de una vida corta*, Barcelona, Editorial Bruguera.
- 1966. *Memorias de mí*, Madrid, Biblioteca Nueva.
- 1978. *Antología, 1927-1977*, Madrid, Prensa Española.

---

de la Guerra Civil lo obliga a abandonar nuevamente la capital para establecerse en San Sebastián. Finalizada la contienda, regresa a Madrid y retoma su vínculo con la industria cinematográfica, colaborando con Miguel Mihura en la creación de los diálogos de *Un bigote para dos* (1940). Tomando como base la cinta austríaca *Unsterbliche Melodien* (1935), la pareja creativa concibió un guion inédito de corte humorístico sobre el metraje original de la película. Sin embargo, rastrear su contribución a los guiones cinematográficos no resulta una tarea sencilla, puesto que, con frecuencia, careció de reconocimiento en los créditos por sus diálogos humorísticos. A este respecto, véanse Fernández-Hoya, Aguilar y Cabrerizo (2019: 345) y, para un estudio exhaustivo de su producción fílmica, Fernández-Hoya (2011).

[50] Este último relato fue traducido al italiano por Lucrezia Cipriani Panunzio con el título *L'operazione* e incluido en el volumen *Umoristi del Novecento* editado por Vicari (1959).

TEATRO

Las fechas indicadas corresponden al año del estreno de la obra:

- 1919. *Sueño de opio*, vodevil en colaboración con José Zamora y Tomás Pellicer.
- 1943. *Ni pobre ni rico, sino todo lo contrario*, en colaboración con Miguel Mihura.
- 1944. *RebecO.*
- 1944. *Exámenes* (pieza breve).
- 1945. *Guillermo Hotel.*
- 1945. *Hoy como ayer* (revista musical), en colaboración con Enrique Llovet, música de Fernando Moraleda.[51]
- 1946. *Don Pío descubre la primavera*, en colaboración con Enrique Llovet.
- 1946. *Cinco mujeres nada menos.*
- 1946. *Romeo y Julieta Martínez.*
- 1947. *El enredo de cacherulos*, en colaboración con Fausto Hernández Casajuana.[52]
- 1948. *Retorcimiento.*
- 1948. *Los mejores años de nuestra tía*, en colaboración con János Vaszary.
- 1948. *Bárbara*, adaptación de la obra *Barbara* de Michel Durand.
- 1949. *Algo flota sobre Pepe.*
- 1949. *Francisca Alegre y Olé.*
- 1950. *¡Qué «bollo» es vivir!*
- 1950. *Una noche en Miami*, en colaboración con János Vaszary.
- 1950. *Un drama en «El Quinto Pino»*, en colaboración con Eduardo Manzanos.

---

[51] Aunque González-Grano de Oro (2005: 170) sitúe la comedia con posterioridad a *Don Pío descubre la primavera* (1946), no precisa la fecha de estreno de *Hoy como ayer.* En el presente trabajo, su datación se adelanta al año anterior por cuanto se sigue el estudio de García Ruiz y Torres Nebrera (2004: 101, vol. II), en el cual se indica que la obra fue representada por primera vez en el Teatro Alcázar el 22 de septiembre de 1945; asimismo, el libreto custodiado en el Archivo General de la Administración (España. Ministerio de Cultura, expediente 0483/45, caja 73/08656) está fechado en 1945.

[52] A tenor de lo constatado, la pieza no ha sido incluida anteriormente en el corpus de Tono en otros estudios sobre su producción. No obstante, tanto el expediente de censura relativo a la comedia como el libreto se hallan custodiados en el Archivo General de la Administración (España. Ministerio de Cultura, caja 73/8763, expediente 160/47).

- 1950. *Las mil y una... piernas* (revista musical), en colaboración con J. Mestres Pérez, J. Valls Volart y J. Marimón.[53]
- 1950. *Tiíta Rufa*.[54]
- 1951. *Piernas... al Fontalba* (revista musical), en colaboración con J. Biondi Caballieri, J. Marimón Pujol, S. Guardia Moréu y A. Algueró Algueró.[55]
- 1952. *No, no, no... María Cristina*, adaptación de *L'ippocampo* de Sergio Pugliese.[56]
- 1952. *La viuda es sueño*, en colaboración con Jorge Llopis.
- 1952. *La muerte de un mangante*.

---

53 Escasos son los datos en torno a *Las mil y una... piernas*. González-Grano de Oro (2005: 170) indica que el estreno de esta revista tuvo lugar el 18 de enero de 1951 en el Teatro Fuencarral de Madrid. No obstante, en una relación de las obras representadas entre el 1 de septiembre y el 31 de diciembre de 1950 (Sainz de Robles, 1964: 454), figura ya *Las mil y una... piernas*, con una puesta en escena fechada el 21 de octubre de 1950 en el Teatro Victoria de Barcelona. Asimismo, cabe señalar que esta revista musical se divide en tres actos y que la autoría no recae únicamente en Tono, sino también en J. Mestres Pérez, J. Valls Volart y J. Marimón.

54 González-Grano de Oro (2005: 170) sostiene que la comedia fue representada el 3 de mayo de 1951 en el Teatro Reina Victoria de Madrid. No obstante, en el presente trabajo se señala el año 1950 como el de su estreno, puesto que en la relación de obras representadas en dicho año (Sainz de Robles, 1964: 459), se hace constar que la comedia se puso en escena el 6 de diciembre de 1950 en el Teatro de Barcelona.

55 Nuevamente, González-Grano de Oro (2005: 171) sostiene que la revista se representó el 24 de marzo de 1951 en el Teatro Fontalba de Madrid. Sainz de Robles (1964: 471) adelanta el estreno al 23 de marzo de 1951, añadiendo, además, que la pieza consta de dos actos y que es fruto de la colaboración entre A. de Lara Gavilán, J. Biondi Caballieri, J. Marimón Pujol, S. Guardia Moréu y A. Algueró Algueró.

56 Díaz-Plaja (1967: 397) señala que entre las comedias traducidas por Tono figura *El hipocampo*, versión de la obra de Sergio Pugliese. No obstante, dado que en los archivos mencionados no se han localizado registros bajo dicho título, se estima que la pieza coincide con *No, no, no... María Cristina*. De hecho, Fernández-Hoya, Aguilar y Cabrerizo (2019: 426) sostienen que: «*L'ippocampo* es una comedia marital de Sergio Pugliese, cosecha del 42, que Vittorio De Sica protagonizará el año siguiente en su versión cinematográfica, aunque no se estrena hasta finalizada la II Guerra Mundial. El título original se debe a la monogamia absoluta del caballito de mar, trasunto del protagonista, que renuncia a una aventura amorosa, ajena a su carácter, para terminar inventándosela pues de otro modo su matrimonio está a punto de irse a pique. Trama ligera, sobre cuyo bastidor Tono monta sus fuegos de artificio con el título de *¡No, no, no, María Cristina!*, estrenada por Isabel Garcés a principios de 1952».

- 1952. *Pídame un autógrafo.*
- 1953. *Al calor del tópico* (revista musical).
- 1953. *La tercera diversión* (revista musical).
- 1953. *Federica de Bramante, o Las florecillas del fango*, en colaboración con Jorge Llopis.
- 1953. *Un fantasma de miedo.*
- 1954. *La cura de amor.*
- 1954. *Malvavisco.*
- 1955. *La verdad desnudita.*
- 1955. *Marcelino, pan y vino.*
- 1955. *El niño en el ojo ajeno.*
- 1956. *Crimen pluscuamperfecto.*
- 1958. *Eva, Adán y Pepe*, en colaboración con Edgar Neville.
- 1958. *Anastasio*, adaptación de *Questa notte o mai più* de Umberto Morucchio.
- 1959. *El marido, la mujer y la muerte*, adaptación de la obra de André Roussin.
- 1959. *Al rico bombón, Eladio.*
- 1960. *Minouche*, adaptación de *La Plume* de Pierre Barillet y Jean-Pierre Grédy.
- 1960. *La última opereta*, en colaboración con Jorge Llopis.
- 1960. *Bubú*, adaptación de *La Reine Blanche* de Pierre Barillet y Jean-Pierre Grédy.
- 1962. *Pasa Pepe.*[57]
- 1962. *Un amante de Borneo*, adaptación de *L'Amant de Bornéo* de Roger Ferdinand.
- 1963. *Panteón para tres.*
- 1963. *Cuatro balas en busca de cadáver.*
- 1964. *El señor que las mataba callando.*[58]

---

57 Los datos de censura relativos a la comedia se encuentran en el Archivo General de la Administración (España. Ministerio de Cultura, caja 73/9389, expediente 19/62), si bien la carpeta que contiene el libreto y los documentos pertinentes es de acceso restringido y no puede ser consultada.

58 González-Grano de Oro (2005: 171) señala que la comedia se estrenó el 14 de mayo de 1964 en Madrid con el título *El hombre que las mataba callando*. No obstante, se mantiene en el presente texto el título que figura tanto en Álvaro González (1964: 71) —quien ofrece información más detallada sobre la crítica y la recepción de la

- 1964. *Cocó*, adaptación de *Croque-monsieur* de Marcel Mithois.
- 1964. *Caviar o lentejas*, adaptación de *Caviale e lenticchie*, farsa napolitana de Giulio Scarnicci y Renzo Tarabusi.
- 1967. *Pepsi*, adaptación de *Pepsi* de Pierrette Bruno.
- 1968. *El empleo.*[59]
- 1968. *Para Elisa.*
- 1969. *El don de Adela*, adaptación de una obra de Pierre Barillet y Jean-Pierre Grédy.
- 1972. *Mi pequeño espacio.*
- 1972. *El requeté empleadísimo.*[60]

A las citadas, se añadiría la adaptación de una obra de Jean Guitton, publicada bajo el título *Un amor loco*; no obstante, la única mención hallada de la pieza figura en una antología de 1967 editada por Díaz-Plaja (1967: 397), sin indicación alguna sobre el año de su estreno.

En aras de una sistematización del corpus dramático de Tono, se presenta a continuación una distinción entre obras editadas e inéditas; para estas últimas se indica la localización del libreto, mientras que para las primeras se detallan las ediciones existentes. Asimismo, se ha efectuado una diferenciación entre las comedias de autoría única y aquellas en colaboración, incluyendo una tabla adicional para las piezas adaptadas o traducidas por Tono. Finalmente, se señalan las comedias inéditas —tanto individuales como en coautoría— y las obras traducidas o adaptadas cuyos libretos aún no han sido localizados; en estos casos, se consignan los estudios o revistas donde la obra aparece mencionada y adscrita a Tono.

---

pieza— como en el volumen de García Ruiz y Torres Nebrera (2004: 56, vol. V). Asimismo, dicho título coincide con el del libreto localizado en el Archivo General de la Administración (España. Ministerio de Cultura, expediente 0072/64).

59 González-Grano de Oro (2005: 171) señala que la comedia se estrenó el 14 de abril de 1969 en el Teatro Valle-Inclán de Madrid. No obstante, se considera que se trata de una errata, puesto que la pieza ya había sido objeto de crítica por parte de Álvaro González (1968: 54) el año anterior. Asimismo, el libreto depositado en el Archivo General de la Administración (España. Ministerio de Cultura, expediente 0122/68) está fechado en 1968.

60 En el Archivo General de la Administración, la obra figura bajo el título *El superrequetepluriempleadísimo* (España. Ministerio de Cultura, expediente 0004/72).

Comedias editadas

Tabla 18. Obras dramáticas de Tono (autoría única)

Año de estreno	Título	Edición
1945	*Guillermo Hotel*	*Guillermo Hotel, comedia en tres actos. Original de «Tono».* Madrid, Biblioteca Teatral, 1957.
		Versión reducida en *Teatro español de hoy. Antología 1939-1966*, edición de Fernando Díaz-Plaja. Madrid, Ediciones Alfil, 1967: 397-414.
1946	*Romeo y Julieta Martínez*	*Romeo y Julieta Martínez. Función con fantasma en tres actos. Original de «Tono».* Madrid, Biblioteca Teatral, 1960.
1949	*Francisca Alegre y Olé*	*Francisca Alegre y Olé y ¡Qué «bollo» es vivir! de Tono.* Madrid, Ediciones Alfil, 1952.
		Francisca Alegre y Olé. Madrid, Ediciones GPS, 1960.
1950	*¡Qué «bollo» es vivir!*	*Francisca Alegre y Olé y ¡Qué «bollo» es vivir! de Tono.* Madrid, Ediciones Alfil, 1952.
1950	*Tiíta Rufa*	*Tiíta Rufa de Tono*. Madrid, Ediciones Alfil, 1957.
		Tiíta Rufa de Tono. Barcelona, Ediciones GP, 1959.
		Tiíta Rufa, Madrid, Éride Ediciones, 2019.
1955	*La verdad desnudita*	*La verdad desnudita*, Madrid, Luis Uriarte Editorial, 1955.
1956	*Crimen pluscuamperfecto*	*Crimen pluscuamperfecto, comedia policiaca en dos actos, el segundo dividido en dos cuadros, original de Tono.* Madrid, Biblioteca Teatral, 1956.

Tabla 19. Obras dramáticas de Tono en colaboración

Año de estreno	Título	En colaboración con	Edición
1943	*Ni pobre ni rico, sino todo lo contrario*	Miguel Mihura	*Ni pobre ni rico, sino todo lo contrario: comedia de humor en tres actos.* Madrid, Luis Uriarte Editorial, 1950.
			«Ni pobre ni rico, sino todo lo contrario», en Mihura: *Obras completas*. Barcelona, Editorial AHR, 1962.

(*Continuado*)

Tabla 19. (Continuado)

Año de estreno	Título	En colaboración con	Edición
			«Ni pobre ni rico, sino todo lo contrario de Miguel Mihura y Antonio de Lara "Tono"», edición de Emilio de Miguel Martínez, en García Ruiz, V. y Torres Nebrera, G.: *Historia y antología del teatro español de posguerra*. Vol. I, 1940-1945. Madrid, Editorial Fundamentos, 2003.
			«Ni pobre ni rico, sino todo lo contrario», en Mihura, *Teatro completo*. Madrid, Cátedra, 2009.
			Ni pobre ni rico, sino todo lo contrario / Né povero né ricco, anzi proprio il contrario, trad. e intr. de E. E. Marcello, en *Umoristi spagnoli a teatro/1*, Pisa, ETS, 2021.
1950	*Un drama en «El Quinto Pino»*	Eduardo Manzanos	*Un drama en «El Quinto Pino» de Tono y Manzanos*. Madrid, Ediciones Alfil, 1953.
1952	*La viuda es sueño*	Jorge Llopis	*La viuda es sueño, función en tres actos original de Tono y Jorge Llopis*. Madrid, Ediciones Alfil, 1952.
1953	*Federica de Bramante, o Las florecillas del fango*	Jorge Llopis	*Federica de Bramante, o Las florecillas del fango de Tono y Jorge Llopis*. Madrid, Ediciones Alfil, 1954.
1958	*Eva, Adán y Pepe*	Edgar Neville	*Eva, Adán y Pepe, o las dos manzanas de Eva de Tono y Neville*. Madrid, Biblioteca Teatral, 1958.
1960	*La última opereta*	Jorge Llopis	*La última opereta, farsa en tres actos*. Murcia, La Verdad, 1961.

Tabla 20. Obras dramáticas traducidas o adaptadas por Tono

Año de estreno	Título	Edición
1960	*Minouche*, adaptación de *La Plume* de Pierre Barillet y Jean-Pierre Grédy.	*Minouche. Comedia en tres actos* de Tono. Sobre *La Plume* de Barillet y Grédy. Madrid, Biblioteca Teatral, 1960.

Comedias inéditas

Tabla 21. Obras dramáticas inéditas de Tono (autoría única)

Año de estreno	Título	Localización
1944	*RebecO*[61]	ESPAÑA. MINISTERIO DE CULTURA. Archivo General de la Administración, caja 73/08577, expediente 0284/44.
		Centro de Documentación y Archivo de la SGAE, signatura LIB/facticios002-02 (volumen facticio).
1946	*Cinco mujeres nada menos*	ESPAÑA. MINISTERIO DE CULTURA. Archivo General de la Administración, caja 73/08711, expediente 373/46.
1948	*Retorcimiento*	ESPAÑA. MINISTERIO DE CULTURA. Archivo General de la Administración, caja 73/8822, expediente 246/48.
1949	*Algo flota sobre Pepe*[62]	ESPAÑA. MINISTERIO DE CULTURA. Archivo General de la Administración, caja 73/8864, expediente 0104/49.
1952	*La muerte de un mangante*	ESPAÑA. MINISTERIO DE CULTURA. Archivo General de la Administración, caja 73/9025, expediente 236/52.
1952	*Pídame un autógrafo*	ESPAÑA. MINISTERIO DE CULTURA. Archivo General de la Administración, caja 73/9037, expediente 351/52.
1953	*Un fantasma de miedo*	ESPAÑA. MINISTERIO DE CULTURA. Archivo General de la Administración, caja 73/9060, expediente 117/53.

(*Continuado*)

61 Edición crítica y traducción inéditas incluidas en la tesis doctoral de Giudicepietro (2023).
62 Ibídem.

Tabla 21. (Continuado)

Año de estreno	Título	Localización
1954	*Malvavisco*	ESPAÑA. MINISTERIO DE CULTURA. Archivo General de la Administración, caja 73/9131, expediente 344/54.
1955	*Marcelino, pan y vino*	ESPAÑA. MINISTERIO DE CULTURA. Archivo General de la Administración, caja 73/9154, expediente 152/55.
1955	*El niño en el ojo ajeno*	ESPAÑA. MINISTERIO DE CULTURA. Archivo General de la Administración, caja 73/9290, expediente 263/55.
1959	*Al rico bombón, Eladio*	ESPAÑA. MINISTERIO DE CULTURA. Archivo General de la Administración, caja 73/9290, expediente 98/59.
1962	*Pasa Pepe*	ESPAÑA. MINISTERIO DE CULTURA. Archivo General de la Administración, caja 73/9430, expediente 19/62.
1963	*Panteón para tres*	ESPAÑA. MINISTERIO DE CULTURA. Archivo General de la Administración, caja 73/9430, expediente 44/63.
1963	*Cuatro balas en busca de cadáver*	ESPAÑA. MINISTERIO DE CULTURA. Archivo General de la Administración, caja 73/9441, expediente 125/63.
1964	*El señor que las mataba callando*	ESPAÑA. MINISTERIO DE CULTURA. Archivo General de la Administración, caja 73/9469, expediente 72/64.
1968	*El empleo*	ESPAÑA. MINISTERIO DE CULTURA. Archivo General de la Administración, caja 73/9647, expediente 122/68.
1968	*Para Elisa*	ESPAÑA. MINISTERIO DE CULTURA. Archivo General de la Administración, caja 73/9689, expediente 403/68.
1972	*Mi pequeño espacio*	ESPAÑA. MINISTERIO DE CULTURA. Archivo General de la Administración, caja 73/9942, expediente 276/72.
1972	*El superrequetepluri-empleadísimo*	ESPAÑA. MINISTERIO DE CULTURA. Archivo General de la Administración, caja 73/9909, expediente 4/72.

Tabla 22. Obras dramáticas inéditas de Tono en colaboración

Año de estreno	Título	En colaboración con	Localización
1945	*Hoy como ayer* (revista musical)	Enrique Llovet y música de Fernando Moraleda	ESPAÑA. MINISTERIO DE CULTURA. Archivo General de la Administración, caja 73/8656, expediente 483/45.
1946	*Don Pío descubre la primavera*	Enrique Llovet	ESPAÑA. MINISTERIO DE CULTURA. Archivo General de la Administración, caja 73/8678, expediente 19/46.
			Centro de Documentación y Archivo de la SGAE, signatura: LIB/facticios002-03 (volumen facticio).
1947	*El enredo de cacherulos*	Fausto Hernández Casajuana	ESPAÑA. MINISTERIO DE CULTURA. Archivo General de la Administración, caja 73/8763, expediente 160/47.
1948	*Los mejores años de nuestra tía*	János Vaszary	ESPAÑA. MINISTERIO DE CULTURA. Archivo General de la Administración, caja 73/8833, expediente 0386/48.
1950	*Una noche en Miami*	János Vaszary	ESPAÑA. MINISTERIO DE CULTURA. Archivo General de la Administración, caja 73/8913, expediente 70/50.

Tabla 23. Obras dramáticas inéditas traducidas o adaptadas por Tono

Año de estreno	Título	Localización
1952	*No, no, no… María Cristina*, adaptación de *L'ippocampo* de Sergio Pugliese.	ESPAÑA. MINISTERIO DE CULTURA. Archivo General de la Administración, caja 73/9001, expediente 0486/51.
1962	*Un amante de Borneo*, adaptación de *L'Amant de Bornéo* de Roger Ferdinand.	ESPAÑA. MINISTERIO DE CULTURA. Archivo General de la Administración, caja 73/9395, expediente 79/62.
1967	*Pepsi*, adaptación de *Pepsi* de Pierrette Bruno.	ESPAÑA. MINISTERIO DE CULTURA. Archivo General de la Administración, caja 73/9606, expediente 221/67.

Tabla 24. Obras dramáticas inéditas de Tono (de autoría única o en colaboración) cuyos libretos no han sido localizados hasta la fecha (incluye traducciones y adaptaciones)

Año de estreno	Título	En colaboración con	Estudios que mencionan la obra
1919	*Sueño de opio* (vodevil)	José Zamora y Tomás Pellicer	Bonet (1995: 593). Molins de la Fuente (2002: 186). Fernández-Hoya, Aguilar y Cabrerizo (2019: 33-60). Marcello (2021: 42).
1944	*Exámenes*	—	González-Grano de Oro (2005: 170).
1948	*Bárbara*, adaptación de la obra homónima de Michel Durand	—	Aguirre Sirera (1998: 49). Díaz-Plaja (1967: 397). Fernández-Hoya, Aguilar y Cabrerizo (2019: 424-425).
1950	*Las mil y una... piernas* (revista musical)	J. Mestres Pérez, J. Valls Volart y J. Marimón	Díaz-Plaja (1967: 398). González-Grano de Oro (2005: 170). Torres Cacharrón (2018: 104, 345).
1951	*Piernas... al Fontalba* (revista musical)	J. Biondi Caballieri, J. Marimón Pujol, S. Guardia Moréu y A. Algueró Algueró	Díaz-Plaja (1967: 398). González-Grano de Oro (2005: 170). Torres Cacharrón (2018: 104, 345).
1953	*Al calor del tópico* (revista musical)	—	Díaz-Plaja (1967: 398). González-Grano de Oro (2005: 170). Torres Cacharrón (2018: 345).
1953	*La tercera diversión* (revista musical)	—	González-Grano de Oro (2005: 170). Torres Cacharrón (2018: 345).

Año de estreno	Título	En colaboración con	Estudios que mencionan la obra
1954	*La cura de amor*	—	González-Grano de Oro (2005: 170). Torres Cacharrón (2018: 346).
1958	*Anastasio*, adaptación de *Questa sera o mai più* de Umberto Morucchio	—	Díaz-Plaja (1967: 397). González-Grano de Oro (2005: 171). Torres Cacharrón (2018: 346).
1959	*El marido, la mujer y la muerte*, adaptación de la obra de André Roussin	—	Torres Cacharrón (2018: 346).
1960	*Bubú*, adaptación de *La Reine Blanche* de Pierre Barillet y Jean-Pierre Grédy	—	Fernández-Hoya, Aguilar y Cabrerizo (2019: 430).
1964	*Cocó*, adaptación de *Croque-monsieur* de Marcel Mithois	—	Fernández-Hoya, Aguilar y Cabrerizo (2019: 428).
1964	*Caviar o lentejas*, adaptación de *Caviale e lenticchie*, farsa napolitana de G. Scarnicci y R. Tarabusi	—	Fernández-Hoya, Aguilar y Cabrerizo (2019: 429).
1969	*El don de Adela*, adaptación de una obra de P. Barillet y J.-P. Grédy	—	Fernández-Hoya, Aguilar y Cabrerizo (2019: 430-431).

Apéndice 2

Con el fin de garantizar la replicabilidad del estudio del corpus dramático de Tono, así como de permitir su eventual aplicación al análisis de comedias de otros autores desde una perspectiva estrictamente lingüística, se incluye a continuación la ficha empleada para la taxonomía de las estrategias verbales utilizadas para vehicular el humor en el corpus seleccionado.

La presente taxonomía no se concibe como una simple enumeración de recursos potencialmente humorísticos, sino como una herramienta analítica rigurosa orientada a desglosar la jerarquía de los recursos de conocimiento (*KR*) propuesta por la Teoría General del Humor Verbal (TGHV).

Dado que la arquitectura del enunciado en el teatro de Tono exige vincular la superficie textual con los procesos cognitivos subyacentes, la ficha taxonómica se ha diseñado para operar en la intersección de los parámetros del lenguaje (*LA*) y del mecanismo lógico (*LM*) a través de tres estratos interconectados: en primer lugar, un nivel léxico centrado en la palabra como unidad mínima de análisis —vinculado primordialmente al recurso del lenguaje (*LA*)—, donde el humor surge de la manipulación del significante para forzar la oscilación entre guiones contrapuestos; en segundo lugar, un nivel sintáctico que actúa como puente entre el lenguaje y el mecanismo lógico mediante el empleo de figuras de pensamiento como la paradoja, el silogismo o la tautología, las cuales subvierten la lógica relacional bajo una apariencia de normalidad gramatical; y, finalmente, un nivel pragmático consagrado al lenguaje en acción y a su interacción con el contexto enunciativo. Es en esta última instancia donde se activa el mecanismo lógico (*LM*) mediante la transgresión deliberada de las máximas del Principio de Cooperación (Grice, 1975) o del Principio de Relevancia (Sperber y Wilson, 1986), demostrando así que el humor no reside de forma intrínseca en el sistema lingüístico, sino que se genera en el acto de la enunciación.

Esta naturaleza multimodal justifica que las categorías analíticas no operen como compartimentos estancos, sino como estratos permeables que permiten categorizar un mismo fenómeno en diversos niveles, reflejando así con absoluta fidelidad la riqueza y profundidad del humor verbal.

Tabla 25. Ficha para la taxonomía de las técnicas del humor verbal

I. PARÁMETROS CONCEPTUALES (TGHV, Attardo y Raskin, 1991)
- SO (*Script Opposition* / Oposición de guiones): El contraste fundamental.
- SI (*Situation* / Situación): Breve contexto.
- TA (*Target* / Blanco): Qué se parodia.
- NS (*Narrative Strategy* / Estrategia narrativa): ej. Diálogo dramático, monólogo.

II. NIVEL LINGÜÍSTICO (TGHV: LA - *Language*):
  A. Nivel Léxico (Humor que surge a nivel de la palabra)
  - Juegos de palabras:
    - (Homofonía)
    - (Homografía)
    - (Homonimia)
    - (Paronimia)
  - Neologismos
  - Locuciones, modismos y expresiones idiomáticas[63]
  - Repeticiones léxicas
  - Diminutivos
  - Préstamos o exotismos

  B. Nivel Sintáctico (Humor que surge a nivel de la oración)
  - Símiles o comparaciones
  - Metáforas
  - Hipérboles
  - Paradojas
  - Silogismos
  - Paralogismos
  - Adverbializaciones relativizadoras
  - Proposiciones en las que la lógica conlleva a un resultado absurdo

[63] Dado que el significado de las locuciones, los modismos y las expresiones idiomáticas no emana de sus componentes individuales, sino de la unión de sus respectivos constituyentes, estos recursos se han integrado en la categoría de humor que surge a nivel léxico.

- Literalización de una estructura retórica
- Personificación
- Cosificación
- Animalización
- Repetición fraseológica
- Oraciones tautológicas
- Figura etimológica
- Proposiciones en las que la lógica conlleva a un resultado absurdo
- Literalización de una estructura retórica
- Personificación
- Cosificación
- Animalización
- Repetición fraseológica
- Oraciones tautológicas
- Figura etimológica
- Colocación inusual
- Parodia
- Antinomia
- Quiasmo
- Trabalenguas
- Definición

C. Nivel Pragmático (Humor que surge a nivel extralingüístico) (TGHV: LM – *Logical Mechanism*):
   - Transgresión del principio de relevancia (Sperber y Wilson, 1986)
   - Transgresión del principio de cooperación (Grice, 1975):
     - (Máxima de calidad)
     - (Máxima de cantidad)
     - (Máxima de relación)
     - (Máxima de modo)
   - Ironía[64]

[64] Entendida no necesariamente como una estrategia empleada para vehicular un significado opuesto a lo expresado verbalmente, sino un significado distinto (Haverkate, 1985; Torres Sánchez, 1999: 6; Alvarado Ortega, 2006: 2). Asimismo, la ironía se considera una de las técnicas más utilizadas para transmitir contenidos humorísticos, razón por la cual se ha dedicado un amplio espacio al estudio del fenómeno con el auge de los *Humor Studies* (véanse al respecto Muzzioli, 2015; Colston y O'Brien, 2000; Kerbrat-Orecchioni, 1980).